COLLECTION L. D***

ESTAMPES

MARS 1889

<table>
<tr><td>

Me MAURICE DELESTRE

COMMISSAIRE-PRISEUR,

27, rue Drouot, 27

</td><td>

M. J. BOUILLON

Marchand d'Estampes de la Bibliothèque Nationale

SUCCESSEUR DE CLEMENT

3, rue des Saints-Péres, 3

</td></tr>
</table>

COLLECTION L. D***

ESTAMPES

CONDITIONS DE LA VENTE

Elle sera faite au comptant.

Les acquéreurs payeront *cinq pour cent* en sus des enchères, applicables aux frais.

M. J. BOUILLON, chargé de la direction de la vente, se réserve la faculté de rassembler ou de diviser les lots.

ORDRE DES VACATIONS

Lundi 11 mars. Ecole anglaise........	Nᵒˢ	1 à 84	
— E. fr. Pièces imprimées en noir..		178 à 234	
— — — en couleur..		417 à 481	
Mardi 12 mars. Marie-Antoinette et pièces relatives			
à Molière.....................		85 à 177	
— E. fr. Pièces imprimées en noir..		233 à 292	
— — — en couleur..		482 à 541	
Mercredi 13 mars. E. fr. Pièces imprimées en noir.		293 à 383	
— — — en couleur.		542 à 650	
Jeudi 14 mars. — — en noir....		384 à 416	
— — — en couleur.		651 à la fin.	

CATALOGUE

DES

ESTAMPES

DE

L'ÉCOLE FRANÇAISE DU XVIIIe SIÈCLE

PIÈCES IMPRIMÉES EN NOIR ET EN COULEUR

ÉCOLE ANGLAISE

PORTRAITS

VIGNETTES

*Composant la magnifique collection de M. L. D****

DONT LA VENTE AUX ENCHÈRES PUBLIQUES AURA LIEU

HOTEL DES COMMISSAIRES-PRISEURS

RUE DROUOT, 9, SALLE N° 3

Du Lundi 11 au Jeudi 14 Mars 1889,

A deux heures précises.

Par le ministère de Mᵉ **MAURICE DELESTRE**, Commissaire-Priseur,
27, rue Drouot

Assisté de **M. J. BOUILLON**, marchand d'Estampes de la Bibliothèque Nationale,
rue des Saints-Pères, 3.

EXPOSITIONS
{ *Particulière* : le Samedi 9 mars.
{ *Publique* : le Dimanche 10 mars.

DE DEUX HEURES A CINQ HEURES

DÉSIGNATION

ÉCOLE ANGLAISE

BERNARD (J.)

1. *Kinski* (Thérèse, comtesse de), née comtesse de Dietrichstein, gravée à la manière noire, d'après Grassy, 1794.

    Très belle épreuve, avec grande marge.

2. Le même portrait, gravure au pointillé, de forme ovale et de format plus petit, sans aucune lettre.

    Très belle épreuve.

BUCK (d'après ADAM)

3. *Mountain* (M^{rs}), — Miss *Waddy*. Deux portraits in-4 en couleur, gravés par Cheesman.

    Très belles épreuves.

CONDÉ (J.)

4. *Hilligsberg* (M^{rs}), dans le ballet : *Le Jaloux puni*, d'après H. de Janvry, in-fol. de forme ovale.

    Superbe épreuve avant la lettre; grande marge.

COSWAY (d'après R.)

5. *Cosway* (M^{rs}), par L. Schiavonetti, 1791.

    Superbe épreuve, toute marge.

COSWAY (d'après R.)

6. *Tickell* (M^rs), par John Condé, représentée en pied.

   Superbe épreuve en couleur, marge.

7. His royal Highness George prince of *Wales*, par L. Sailliar, in-fol. en pied.

   Superbe épreuve.

COSWAY (d'après Maria)

8. *Cosway* (M^rs), par V. Green, in-fol.

   Superbe épreuve.

DICKINSON (W.)

9. The Gardens of Carleton-House with Neapolïtan ballad Singers. Dessiné le 18 mai 1784 et publié le 10 mai 1785. Grande et belle pièce en largeur, très intéressante comme costumes de cette époque.

   Superbe et très rare épreuve avant toutes lettres, avec marge, coloriée.

10. Lucrèce, pièce en largeur, de forme ovale, imprimée en bistre et publiée en 1780.

    Superbe épreuve, avec belle marge.

11. *Talleyrand* (Madame la princesse de), représentée en pied dans son salon, gravé à la manière noire, d'après F. Gérard.

    Très belle épreuve avant la lettre. Rare.

DUNKARTON (R.)|

12. *Billington* (M^rs), d'après Downman, in-fol. en couleur, de forme ovale.

    Superbe épreuve, avec marge.

EARLOM (R.)

13. A fruit piece. — A 'flover piece. Deux pièces, faisant
    pendants, gravées à la manière noire, d'après Van
    Huysum.

> Très belles épreuves.

ÉCOLE ANGLAISE

14. *En route pour les courses*. Six pièces en forme de
    frises, avec calèches, diligences, charrettes et cavaliers,
    se rendant aux courses, gravées au pointillé et ma-
    nière noire.

> Belles épreuves. Rares.

FINLAYSON (J.)

15. *Zamperini* (The Signora), dans le rôle de Ceccina,
    gravé à la manière noire, d'après Hone, in-fol.

> Superbe épreuve avant la lettre, marge.

GAINSBOROUGH (d'après)

16. His royal Highness George prince of Wales, représenté
    en pied, près de son cheval, in-fol., en couleur.

> Très belle épreuve, avec le titre en lettres tracées, marge.

GRASSI (d'après)

17. The miniature picture, gravé par Nutter.

> Très belle épreuve, imprimée en bistre, marge.

GREEN (V.)

18. A representation of Mr Lunardi's Balloon, as exhibited
    in the Pantheon, 1784, gravé à la manière du lavis,
    d'après le dessin de F.-G. Byron et imprimé en bistre.

> Très belle épreuve. Rare.

HAWARD (F.)

19. *Deon de Beaumont* (La chevalière), d'après Angelica Kauffman, in-fol. en couleur, publié à Londres en 1788.

    Très belle épreuve, avec marge.

20. La même estampe.

    Très belle épreuve, en noir.

HOPPNER (d'après J.)

21. *Benwell* (M⁰). Très gracieux portrait, gravé à la manière noire, par W. Ward et publié en 1785.

    Très belle épreuve. Rare.

22. *Hampden* (Catherine viscountess), gravé à la manière noire, par Young.

    Très belle épreuve, marge.

HOUSTON (R.)

23. *Harriot-Powell* (Miss), gravé à la manière noire, d'après C. Read et publié en 1769.

    Superbe épreuve.

JEAN (d'après P.)

24. *Decamp* (Miss), in the character of Urania, par J. Vendramini, in-4.

    Très belle épreuve en couleur.

KAUFFMAN (d'après ANGELICA)

25. *Golley* (Mademoiselle), gravé par Adel. Hautot en 1789.

    Très belle épreuve avant la lettre, toute marge.

MORLAND (d'après G.)

26. Contemplation, gravé à la manière noire, par W. Ward.

    Superbe épreuve avec marge.

MORLAND (d'après G.)

27. A visit to the child at nurse, — A visit to the Boarding
    School. Deux pièces faisant pendants, gravées par
    W. Ward.

    Très belles épreuves, en couleur, avec marges. Très rares.

PARELL (d'après M.-A.)

28. The origin of the Order of the Garter, gravé à la ma-
    nière noire.

    Très belle épreuve.

29. La même composition, gravée en contrepartie, à la san-
    guine, par J. Gilbert, sous ce titre : *La belle Jambe*,
    et publiée à Paris chez Janinet.

    Très belle épreuve, marge.

PAUL (d'après T.-D.)

30. A trip to Melton Mowbray. (Un petit voyage à Melton
    Mowbray). Suite de douze pièces en couleur, en forme
    de frises, et imprimées sur six feuilles, représentant
    les inconvénients des voyages, en voiture, à la chasse,
    etc.

    Très belles épreuves. Rares.

PEAKE (R.-B.)

31. French characteristic costumes etched by R. B. Peake.
    Suite de dix pièces en couleur formant suite, publiées
    vers 1820 et représentant des vues de Paris.

    Très belles épreuves.

PETERS (d'après W.)

32. *Sylvia*. Petite pièce en largeur, de forme ovale, publiée
    par J. Walker en 1780.

    Très belle épreuve.

PETHER (W.)

33. *Madame* comtesse de Provence, gravé à la manière noire, d'après Mme Le Brun, publié à Londres en 1778.

   Superbe épreuve, avec le titre et les noms d'artistes en lettres tracées à la pointe, marge.

PICOT (A Londres, chez V.-M.)

34. La Vue, pièce in-8, de forme ovale.

   Très belle épreuve.

35. Le Toucher, pendant de la pièce précédente, en couleur.

   Très belle épreuve avant la lettre, grande marge.

REYNOLDS (d'après Sir J.)

36. *Ancaster* (Mary, dutchess of), gravé à la manière noire, par J. Dixon, in-fol. en pied.

   Très belle épreuve.

37. *Ancaster* (Mary, dutchess of), 1756, gravé à la manière noire, par R. Houston.

   Très belle épreuve, marge.

38. *Kauffman* (Maria Angelica), par E. Morace, in-fol.

   Superbe et très rare épreuve avant toutes lettres, marge.

39. *Keppel* (Elizabeth), comtesse d'Albemarle, gravé à la manière noire, par E. Fisher, in-fol. en pied.

   Très belle épreuve avec une petite marge.

40. Price (Lady Caroline), gravé à la manière noire, par J. Jones.

   Très belle épreuve, marge.

41. *Stanhope* (The honorable M^rs), par Car. Watson.

   Très belle épreuve, en couleur, marge.

REYNOLDS (S. W.)

42. *Grassini* (Madame), in the character of Zaïra, d'après Mme Le Brun, in-fol.

> Très belle épreuve avant la lettre, lettres tracées, marge.

43. Le même portrait.

> Très belle épreuve, imprimée en couleur, marge.

ROWLANDSON (T.)

44. Vaux-Hall, par R. Pollard.

> Très belle épreuve, en couleur, de la pièce la plus importante du maître, et celle donnant le mieux les costumes et physionomies de la société élégante anglaise de cette époque.

45. Mr H. Angelo's fencing Academy. Cette pièce, une des plus intéressantes du maître, représente le grand assaut donné dans la salle d'armes d'Angelo, par la chevalière d'Eon de Beaumont et le sergent Léger, soldat aux gardes ; elle est gravée à l'eau-forte par le maître et terminée à l'aquatinte par Rosenberg.

> Très belle épreuve, en couleur. Rare.

46. The Assaut, or fencing Math, which took place at Carlton House, on the 9th. of April 1787, betwen Mademoiselle la chevalière d'Eon de Beaumont, and Monsieur de Saint George. In the presence of his royal Highness the prince of Wales, several of the nobility and many and eminent fencing Masters of London. En couleur.

> Très belle épreuve, avec marge. Rare.

47. Narcissus. Charmante pièce en couleur, gravée par G. Graham, 1787.

> Superbe épreuve, avec une belle marge. Très rare.

ROWLANDSON (T.)

48. Deux jeunes femmes assies devant une cheminée, dont
une sur le premier plan prend une boîte des mains
d'un vieillard assis à gauche. Pièce de forme ovale en
hauteur, gravée au pointillé.

   Très belle épreuve avant toutes lettres. Rare.

49. The sad discovery or the Graceless apprentice, — In-
trusion on study or the painter disturbed. Deux pièces
faisant pendants, publiées en 1785.

   Superbes épreuves, en couleur, toutes marges.

50. Box Lobby Loungers (Les flâneurs dans le foyer des
Loges), grande pièce en largeur des plus curieuses,
comme costumes, d'après H. Wigstead.

   Très belle épreuve, coloriée. Rare.

51. Dressing for a Masquerade, 1790, en couleur.

   Très belle épreuve. Rare.

52. Dressing for a Birthday, 1790, en couleur.

   Très belle épreuve. Rare.

53. English Barracks, 1791, Drawn and Etched by T. Rowlandson aquatinta by T. Malton.

   Très belle épreuve, en couleur. Rare.

54. French Barracks, 1791, Drawn and Etched by T. Rowlandson aquatinta by T. Malton.

   Très belle épreuve, en couleur. Rare.

55. *French travelling or the first stage from Calais, —
English travelling or the first stage from Dover.*
Deux pièces faisant pendants, gravées par Jukes et pu-
bliées en 1792.

   Très belles épreuves, en couleur. Très rares.

RYLAND (W.) excudit

56. The Right Honourable Lâdy *Nuncham*, in-fol. en pied.

Très belle épreuve.

SAYER (A Londres, chez R.)

57. Miss Nancy *Dawson*, représentée en pied.

Très belle épreuve, en couleur, marge.

SCOROUDOUMOW (G.) graveur Russe

58. Zara, d'après J.-P. de Loutherbourg. Pièce imprimée en sanguine et publiée à Londres.

Très belle épreuve, marge.

SIMON (Peter)

59. The Philosopher Square, discoverd. Tom Jones in Molly Seagrim's Garret. *Vide Book V, chap.* v. — The Interview of Tom Jones and Sophia, after the reconciliation. *Vide Book V, chap.* v. Deux pièces d'après J. Downman.

Très belles épreuves.

SMITH (J.-R.)

60. The Promenade at Carlisle House, 1781.

Superbe épreuve avant la lettre (lettres tracées). Les jeunes élégantes que l'on remarque dans cette charmante composition sont les portraits de Lucy Hasweld, miss Moss, Henrietta Montagu, Charlotte Sommerville, Maria Townley, Maria Weddon, etc. Très rare.

61. What you will?

Superbe épreuve d'une pièce charmante. Rare.

62. Society in solitude, — Contemplating the Picture. Deux charmantes pièces faisant pendants, publiées en 1785.

Superbes épreuves, en couleurs, toutes marges. Très rares.

SMITH (J.-R.)

63. Portrait d'une jeune femme en buste, de profil à droite, dans une bordure ovale ; elle est coiffée d'un voile qui lui tombe sur les épaules, in-fol. à la manière noire, d'après Peters.

Superbe épreuve avant la lettre, grande marge.

64. Agostino *Carlini,* Francescho *Bartolozzi,* Giovan Battista *Cipriani.* Représentés sur une même feuille, gravé à la manière noire, d'après G.-F. Rigaud.

Très belle épreuve, toute marge.

65. *Parisot* (Mademoiselle). Représentée en pied, dansant, d'après A.-W. Devis.

Très belle épreuve, avec le titre en lettres tracées, en couleur. Très rare.

SMITH ET WARD

66. A visit to the Grandmother, — A visit to the Grandfather. Deux pièces faisant pendants, gravées à la manière noire, d'après Northcote et J.-R. Smith et imprimées en couleur.

Superbes épreuves, avec marges.

SMITH (d'après J.-R.)

67. The Moralist, par Nutter.

Superbe épreuve, en couleur.

STROELY (d'après P.-E.)

68. *Vigliano* (Mademoiselle), représentée en pied, dansant, gravé à la manière noire, par Rhein, 1793.

Très belle épreuve avant la lettre.

TURNER (Ch.)

69. *Elizabeth,* Consort of Alexandre Ier, Emperor of all the Russias, d'après Monier.

Très belle épreuve, en couleur, marge.

70. Miss *Mellon,* in the Character of Volante in the Honey Moon, d'après S.-W. Beechey.

Très belle épreuve, en couleur.

WARD (W.)

71. *Louisa*, in-4 en couleur, de forme ovale.
Superbe épreuve avec grande marge. Rare.

72. *Lucie of Leinster*. En couleur, de forme ovale.
Superbe épreuve avec marge. Très rare.

73. The Musing Charmer. Charmante pièce de forme ronde.
Très belle épreuve, imprimée en bistre.

74. *Temptation*, d'après H. Ramberg, 1791. Charmante pièce imprimée en bistre.
Superbe épreuve, avec marge. Rare.

75. Thoughts on Matrimony, d'après J.-R. Smith, in-4 en couleur, de forme ovale.
Superbe épreuve. Rare.

WATSON (J.)

76. Lucinda, d'après Falconet, in-fol. en manière noire.
Superbe épreuve avant la lettre, marge.

77. *Boynton* (Mary Lady). Gravé à la manière noire, d'après Cotes, in-fol. en pied.
Très belle épreuve, marge.

78. Miss *Jones*, d'après H.-D. Hamilton, in-fol. en manière noire.
Superbe et très rare épreuve avant la lettre.

79. The Riht Honourable Lady *Susan O'Brien*, d'après F. Cotes, in-fol. en manière noire.
Superbe épreuve, avec marge.

80. Portrait d'une jeune femme, représentée jusqu'aux genoux, le coude droit appuyé sur un piédestal. Gravé à la manière noire, d'après Cotes, 1768, in-fol.
Superbe épreuve.

WATSON (J.)

81. Portraits de deux jeunes filles, représentées à mi-corps,
dans un médaillon ; l'une, coiffée d'un chapeau, a le
bras gauche appuyé sur l'épaule de la plus jeune et
lui tient la main. Gravé à la manière noire, d'après
Peter Lion, publié en 1772.

> Superbe épreuve avant la lettre, marge.

WATSON (T.)

82. Madame la comtesse du *Barry*, d'après Drouais, in-fol.
à la manière noire.

> Superbe et très rare épreuve avant la lettre.

83. Le même portrait:

> Superbe épreuve, avec une petite marge. Le titre est : *Madame de Barré*.

GWYN (J.)

84. A Treatise on the utility and advantages of fencing, giving
the opinions of the most eminent authors and medical
practitioners, on the important advantages derived from
a knowledge of the art, as a Means of self-defence and a
promoter of health. Illustrated by forty seven engravings.
To which is added, A dissertation on the use of the broad
sword (with six descriptive plates), memoirs of the
late Mr Angelo ; and a biographical Sketch of chevalier
Saint-George. With his portrait, Londres, 1817, 1 vol.
in-fol. obl., demi-rel. mar. brun, dos et coins. A la fin
du volume se trouve six planches sur l'art de l'escrime,
par Rowlandson. Sur le titre on lit, écrit à la plume :
From Mr Angelo to his friend Mr Merle.

> Très bel exemplaire,

PORTRAITS DE MARIE-ANTOINETTE, DE, LOUIS XVI
ET DE LA FAMILLE ROYALE

ALIX ET SERGENT

85. *Marie-Antoinette*, reine de France, d'après Madame
Lebrun, — *Louis XVI*, roi de France, d'après Drelin.
Représentés en bustes dans des médaillons de forme
ronde, posés sur des tablettes avec armoiries pour celui
de la reine et avec sujet allégorique pour celui du
roi.

> Ces deux portraits in-4°, en couleur, faisant pendants, sont de la plus
> grande rareté. Les épreuves sont superbes et ont toutes leurs marges.

ANONYME

86. Naissance de Monseigneur le Dauphin. A droite, la reine
Marie-Antoinette dans son lit, se dispose à prendre une
tasse que lui présente une de ses dames d'honneur. Le
roi Louis XVI, arrivant de la gauche, tient le cordon
bleu qu'il destine au Dauphin, tenu par une dame de la
Cour, assise au milieu. In-4 en largeur.

> Très belle et rare epreuve avant toutes lettres, marge.

BARTOLOZZI (Attribué à)

87. *Marie-Antoinette*, archiduchesse d'Autriche, reine de
France, en buste, vue de profil et tournée vers la droite,
coiffure avec aigrette, grand in-4.

> Très belle épreuve, en couleur, toute marge. Rare.

88. *Marie-Antoinette*, archiduchesse d'Autriche..., reine de
France, en buste, vue de profil, dans un médaillon de
forme ronde, grande coiffure avec plume dans les cheveux, in-4.

> Très belle épreuve, en couleur, grande marge.

2

BENOIT JEUNE

89. *Marie-Antoinette*, reine de France, d'après Madame Lebrun, médaillon de forme ronde.

Belle épreuve, marge.

BERNARD

90. *Marie-Antoinette*, d'Autriche, — *Louis XVI*, roi de France et de Navarre.

Ces deux portraits, faisant pendants, sont des dessins originaux faits à la plume, dans des bordures avec inscription en bas ; les figures sont au lavis d'encre de Chine ; signés et datés : 1782.

91. *Marie-Antoinette*, reine de France, en buste, de forme ovale.

Dessin à la plume, comme les précédents, mais la figure au lavis légèrement rehaussé de couleur.

BERNARD (d'après)

92. *Marie-Antoinette*, reine de France. In-fol. La figure et la poitrine sont très finement gravées en couleur, la coiffure et les ajustements en imitation de dessin à la plume. Petit sculpsit, 1787.

Très belle épreuve. Rare.

93. *Marie-Antoinette* d'Autriche, reine de France et de Navarre. In-fol. Gravé en imitation d'un dessin à la plume, la figure légèrement indiquée au trait.

Très belle épreuve. Rare.

BONNET (L.-M.)

94. *Marie-Antoinette*, Archiduchesse d'Autriche, Dauphine de France, d'après Ktanzinger. Charmant petit médaillon, gravé en couleur à la manière du pastel, dans une bordure, avec tablette en bas, in-12.

Superbe épreuve. Très rare.

BONNET (L.-M.)

95. Le même portrait, gravé une seconde fois par Bonnet, en contrepartie, imprimé en noir.

Très belle épreuve. Rare.

96. *The amiable Society. — The amiable family.* Deux pièces faisant pendants, gravées en couleur, d'après Hambert; elles représentent la reine Marie-Antoinette et le roi Louis XVI, accompagnés de leurs enfants, Madame Élizabeth et la duchesse de Polignac assistant à une représentation à l'Opéra.

Superbes épreuves, avec grandes marges.

BROOKSHAW (R.)

97. *Marie-Antoinette*, reine de France. In-fol. à la manière noire.

Très belle épreuve.

98. *Marie-Antoinette* d'Autriche, reine de France, — *Louis XVI*, roi de France, en bustes dans des médaillons de forme ovale, avec bordure; les fonds sont ornés de fleurs de lis. Gravés à la manière noire, de format in-4, en 1775.

Très belles épreuves, avec marges.

99. Les deux mêmes personnages, gravés de format plus petit, en buste dans des médaillons avec bordures unies tronquées, in-4.

Très belles épreuves.

100. *Marie-Antoinette*, même portrait que celui ci-dessus, in-4.

Épreuve avant l'adresse du graveur et le nom de l'imprimeur, gouachée, du temps.

101. *Marie-Antoinette*, reine de France, réduction in-12 du portrait précédent.

Très rare épreuve avant toutes lettres, marge.

BROOKSHAW (R.)

102. *Provence* (Marie-Joséphine-Louise de Savoie, comtesse de), en buste, tenant une rose à la main, d'après Drouais, 1771, in-fol.

Très belle épreuve.

CARDON (A.)

103. La Séparation de Louis Seize de sa famille, d'après Benazech.

Très belle épreuve.

CATHELIN (L.-J.)

104. *Marie-Antoinette*, archiduchesse d'Autriche, reine de France, d'après Fredou, in-fol.

Très belle épreuve.

105. *Marie-Antoinette*, archiduchesse d'Autriche, reine de France, d'après F. Drouais, petit in-fol.

Très belle épreuve.

CHAPUY (J.-B.)

106. *Marie-Antoinette* d'Autriche, reine de France et de Navarre, d'après Brion de la Tour, in-4 en couleur.

Superbe épreuve, avec marge. De la plus grande rareté.

107. *Marie-Antoinette*, représentée assise à sa toilette ; des amours, auprès d'elle, lui servent ses atours. Pièce in-4, servant d'adresse à Depain, coiffeur de Dames...

Très belle épreuve, coloriée. Rare.

CHÉREAU (A Paris, chez)

108. *Louis XVI, Marie-Antoinette*, le comte de *Provence*, la comtesse de *Provence*. Quatre médaillons sur une même feuille. Pl. 37 du septième cahier de la collection d'Habillements modernes et galants, 1788.

Très belle épreuve, coloriée. Rare.

CROISEY (P.)

109. *Marie-Antoinette*, archiduchesse d'Autriche, Dauphine
de France, in-fol.

Très belle épreuve.

DEMARTEAU

110. *Louis-Auguste*, Dauphin de France, — *Marie-Antoinette*, Dauphin de France. Deux portraits faisant pendants, dans des médaillons de forme ronde, gravés à
la sanguine, d'après deux médailles de Vassé.

Très belles épreuves, plus la contre-épreuve du portrait de la reine.
Trois pièces.

111. *Marie-Antoinette*, Dauphine de France.

Dessin, à la plume et au lavis, du portrait décrit au numéro précédent.

DESNOS (A Paris, chez)

112. *Marie-Antoinette*, Archiduchesse d'Autriche, Dauphine
de France, en buste dans un médaillon entouré d'une
guirlande de roses, in-4.

Très belle épreuve, grande marge.

DESRAIS (d'après C.-L.)

113. *Marie-Antoinette*, Archiduchesse d'Autriche, reyne de
France, en robe de Cour, garnie de perles, de guirlandes et de glands, avec un manteau royal violet, orné
de fleurs de lys d'or, coeffée de perles, fleurs, aigrettes
et épingles à diamants. Gravé par Deny. A Paris, chez
Basset, in-fol. en pied, coloriée.

Très belle épreuve. Rare.

114. Le Bijou de la Reine. Estampe divisée en seize pan-
neaux, contenant des vers adressés au roi et à la reine,
pour un almanach de poche. Le premier panneau con-
tient un sonnet au roi et à la reine, au haut duquel
sont leurs deux portraits soutenus par la France, sur
l'autel de l'amour. Gravé par Voysard.

Très belle épreuve. Rare.

DESRAIS (d'après C.-L.)

115. « Le Nouveau Jeu du Costume » et des Coiffeurs des
dames, « dédié au beau-sexe, » in-folio.

Cette estampe présente des dispositions adoptées du Jeu
de l'oie : soixante-deux casiers où sont represfentés des
coiffures et costumes féminins, chacun portant un titre
et numérotés de 1 à 62, conduisent au 63, où la reine
est représentée debout dans un vaisseau : *la belle Poule*,
sous un dôme de verdure, surmonté des armes de France
et du drapeau blanc et orné de trophées d'armes.

Au milieu, le titre ci-dessus et les règles du jeu. Aux
quatre angles de la planche, quatre compositions représentant une journée de chasse de la reine : Le matin, le
midi, l'après-midi et le soir.

Épreuve coloriée. Très rare.

DUFLOS (P.)

116. *Marie-Antoinette...*, archiduchesse d'Autriche, reine
France et de Navarre, représentée en pied, grand
costume de Cour, d'après Madame Lebrun et Touzé,
in-fol.

Superbe et très rare épreuve avant toutes lettres, avec grande marge,
et coloriée avec le plus grand soin.

117. La même estampe.

Superbe épreuve avec marge, aussi très habilement coloriée. Rare.

118. *Louis XVI*, roi de France, en pied, avec le costume et
les insignes de la royauté, in-fol.

Superbe épreuve avant la lettre, grande marge.

FRANÇOIS

119. *Louis-Auguste* de France, en habit de dragon, Dauphin, le 20 décembre 1765, d'après Aubry, à la sanguine.

Très belle épreuve, marge.

HAID (J.-E.)

120. *Marie-Antoinette*, Dauphine de France. Gravé à la manière noire, d'après Milliez, in-fol.

Très belle épreuve. Rare.

JANINET (F.)

121. Les Sentimens de la nation. La reine Marie-Antoinette, tenant dans ses bras le Dauphin, est assise en face du buste de Louis XVI. Composition dans un cartouche orné d'un ruban bleu ondulé, auquel se mêlent du lierre, des lis et des roses ; à gauche du cartouche, un épagneul. Pièce gravée, d'après Huet, pour la naissance de Monseigneur le Dauphin.

Superbe et très rare épreuve, avant les mots : « Pour la naissance de Mgr le Dauphin, né le 23 octobre 1781, à Versailles. » Toute marge.

LE BARBIER L'AINÉ (d'après)

122. *Marie-Antoinette*, reine de France, — *Louis XVI*, roi de France. Deux portraits faisants pendants, de forme ovale, en bustes forts comme nature, gravés par Cazenave.

Très belles épreuves, avec marges ; le portrait de la reine est avant la lettre ; celui du roi avec le titre en lettres tracées.

LE BEAU (P.-A.)

123. *Marie-Antoinette*, Dauphine de France, — *Louis-Auguste*, Dauphin de France. Deux portraits, in-fol., faisant pendants, représentés en bustes dans des entourages avec attributs des arts et des sciences, d'après Fossier.

Très belles épreuves, avec marges.

124. *Marie-Antoinette*..... reine de France, — *Louis XVI*, roi de France. Deux portraits, petit in-fol. en pied, en grands costumes de Cour, d'après Leclerc.

Très belles épreuves. Le portrait du roi est avant la lettre.

LE BEAU (P.-A.)

125. *Marie-Antoinette*, reine de France, en pied et grand costume de Cour, d'après Leclerc, petit in-fol.

Ce portrait est le même que celui indiqué ci-dessus au numéro précédent, mais avec quelques changements. La figure de la reine, que l'on voit presque de face dans la précédente, a été effacée et est ici vue de profil. La tablette est ombrée sous les lettres, et la planche a été retouchée dans toutes les parties. Les mots : de Monseigneur le duc de Chartres, à la suite du nom du graveur, ont été effacés.

Très belle épreuve, grande marge.

126. *Marie-Antoinette*, reine de France, à mi-corps, vue de profil, dans un médaillon ovale avec entourage ornementé, d'après Marillier.

Très belle épreuve avant le numéro dans le haut, toute marge.

LEGOUX (J.)

127. *Marie-Antoinette*, d'Autriche, — *Louis XVI*. Deux petits médaillons, faisant pendants, gravés d'après Camponon et Boze, imprimés sur satin et publiés à Londres, en 1793.

Très belles épreuves. Rares.

LEVACHEZ (Ch.-F.-G.)

128. *Marie-Antoinette*, d'Autriche, reine de France, d'après Madame Le Brun, — *Louis XVI*, roi de France, d'après Duplessis. Deux portraits in-8 en couleur, gravés en 1792.

Superbes épreuves. Très rares.

LE VASSEUR (C.)

129. *Marie-Antoinette*, archiduchesse d'Autriche, reine de France, d'après Kranzinger, in-fol.

Très belle épreuve, avec une petite marge.

MACRET (C.)

130. *Marie-Antoinette*, reine de France, d'après Madame Lebrun, — *Louis XVI*, roi de France, d'après Duplessis. Deux portraits in-4 de forme ovale, faisant pendants.

Très belles épreuves avant la lettre.

MAITRE ANONYME FRANÇAIS DU XVIIIe SIÈCLE

131. La reine *Marie-Antoinette* et le roi *Louis XVI*, représentés en bustes, dans deux médaillons de forme ovale et posés en regard l'un de l'autre sur une même feuille. Ils sont entourés d'une guirlande formée de rubans, de roses et de feuilles entrelacées. Cette pièce, de la plus fine exécution, est imprimée en couleur, sur un morceau de satin blanc. Elle est accompagnée de trois compositions dans des médaillons de forme ovale, également entourés de guirlandes, formées de rubans et de fleurs, et aussi imprimées sur trois morceaux de satin blanc.

Dans le premier médaillon est représentée Madame la duchesse de Polignac, assise à une table et brodant; devant elles sont les enfants de France, Monseigneur le Dauphin et Madame, dévidant un écheveau de soie.

Dans le second, on voit la reine Marie-Antoinette, assise dans sa prison et brodant; un amour lui apporte un sachet qu'il tient par un ruban.

Dans le troisième, la France, sous la figure de Minerve, couronne le génie des arts, assis devant un terme.

Ces quatre estampes, de la plus grande rareté, sont ici réunies en vente publique pour la première fois, à notre connaissance. Les épreuves sont de toute beauté, d'une grande fraîcheur et conservation parfaite. Ces quatre pièces pourront être vendues séparément.

MALGO (J.)

132. *Marie-Antoinette*, reine de France, en pied, assise dans
son cabinet, d'après le tableau peint à Paris, d'après
nature, par Hickel, publié à Londres, en 1794, in-fol.
à la manière noire.

Superbe épreuve, avec une petite marge.

MARK (O.)

133. *Marie-Antoinette*, — *Louis XVI*, représentés assis.
Deux portraits in-4, faisant pendants, publiés en Alle-
magne.

Très belles épreuves, coloriées.

MIGER (S.-C.)

134. *Marie-Antoinette*, archiduchesse d'Autriche, reine de
France, d'après J. Boze, 1785, in-fol.

Très belle épreuve, marge.

MONDHARE (A Paris, chez)

135. *Marie-Antoinette*, d'Autriche, reine de France et de
Navarre, en habit de Cour et le manteau royal, —
Louis XVI, roy de France et de Navarre, représenté
dans ses habits et attributs de la couronne. Deux portraits in-fol. en pied, faisant pendants.

Très belles épreuves coloriées du temps, tirées du sixième cahier des
Costumes français. Rares.

136. *Louis XVI, Marie-Antoinette, Monseigneur le Dauphin* et *Madame*, fille du roi. Quatre portraits dans
des médaillons de forme ovale, imprimés sur une
même feuille.

Très belle épreuve.

137. La même estampe.

Très belle épreuve, coloriée.

MOREAU LE JEUNE (d'après J.-M.)

138. A la reine, — Au Roi. Deux pièces, faisant pendants, gravées par N. Le Mire. Compositions allégoriques au milieu desquelles sont représentés, en buste, le roi Louis XVI et la reine Marie-Antoinette.

> Superbes épreuves avant toutes lettres, non entièrement terminées; la tablette portant la dédicace est entièrement blanche. De la plus grande rareté en cet état, avec une petite marge en dehors du cuivre.

139. Marie-Antoinette secourant les pauvres, vignette in-8, pour les *Annales du règne de Marie-Thérèse*, gravée par A.-J. Duclos, 1773.

> Superbe epreuve avant la lettre, les noms d'artistes à la pointe, marge.

PORPORATI

140. *Marie-Antoinette*, d'Autriche, reine de France et de Navarre, gravé en 1796, in-4.

> Très belle épreuve.

RUOTTE (L.-C.-N.)

141. *Marie-Antoinette*, reine de France, en bergère, un foulard recouvrant ses cheveux, d'après Césarine F....

> Superbe et rare épreuve avant la lettre, toute marge.

142. Le même portrait.

> Superbe épreuve, en couleur, grande marge.

SERGENT (A.-F.)

143. *Marie-Antoinette*, d'Autriche, reine de France, d'après Madame Le Brun, petit médaillon de forme ronde, gravé en couleur et publié chez Levachez.

> Très belle épreuve. Rare.

SERGENT (A.-F.)

144. La même Reine, d'après le même tableau, aussi dans un médaillon rond, mais d'un format un peu plus grand, sans nom de graveur, en couleur.

Très belle épreuve, avec marge.

145. *Marie-Thérèse-Charlotte de France*, depuis duchesse d'Angoulême. Pièce en couleur, publiée à l'occasion du passage de cette princesse à Bâle, le 26 décembre 1793, in-fol.

Superbe épreuve, avec marge.

146. *Monsieur*, frère du roi (comte de Provence), depuis Louis XVIII, d'après Duplessis, in-4 en couleur.

Superbe épreuve. Rare.

TARDIEU (ALEX.)

147. *Marie-Antoinette*, reine de France, en pied, d'après Dumont, in-fol.

Superbe épreuve avant la lettre.

WARTELL

148. *Marie-Antoinette*, reine de France, en buste de profil à gauche, avec grande coiffure. Portrait dédié à Madame de Polignac, in-4.

Très belle épreuve, avec l'adresse de Guttenberg, marge.

149. Le même portrait.

Très belle épreuve; l'adresse est effacée.

WOLCKH

150. *Marie-Antoinette*, archiduchesse d'Autriche, reine de France, in-4. A Paris, chez Le Père et Avaulez.

Très belle épreuve. Rare.

PORTRAITS DE MOLIÈRE ET SUITES DE VIGNETTES
POUR SES ŒUVRES

PORTRAITS D'ARTISTES AYANT DESSINÉ OU GRAVÉ
CES ILLUSTRATIONS

ALIX (P.-M.)

151. *Molière* (J. B. Poquelin de), en buste, dans une bordure ovale reposant sur un cartouche, où est représentée la scène VII du quatrième acte de *Tartuffe*, d'après Garneray, in-fol.

Superbe épreuve, toute marge.

ARDELL (J.-M.)

152. *Punt* (J.), peintre et graveur, d'après de Mijn, in-fol. à la manière noire.

Très belle épreuve, marge.

BEAUVARLET (J.-F.)

153. *Molière* (J. B. Poquelin de), d'après Bourdon, in-fol.

Superbe épreuve avant toutes lettres et avant la bordure, signé par le graveur. Très rare.

154. Le même portrait.

Superbe épreuve avant toutes lettres, mais avec la bordure, toute marge.

155. Le même portrait

Très belle épreuve, avec la lettre, mais avant la dédicace.

BOUCHER (d'après F.)

156. Suite de pièces, gravées par Laurent Cars et Chédel, d'après F. Boucher, pour les Œuvres de Molière, 1734, in-4, dans divers états, ayant précédé le dernier, dont le détail suit :

1° *L'Avare*. Eau-forte de premier état, sans aucunes lettres.

Très belle épreuve, avec une petite marge.

BOUCHER (d'après F.)

2° *L'Avare*. Eau-forte de deuxième état, plus avancée, sans aucunes lettres.

Superbe épreuve, marge.

3° *L'Impromptu de Versailles*. Eau-forte du premier état, sans aucunes lettres, que : *Chédel* à la pointe.

Très belle épreuve, belle marge.

4° La même pièce. Eau-forte du deuxième état, avec le titre et les noms d'artistes.

Très belle épreuve.

5° *Don Garcie de Navarre*.

Très rare épreuve, avant le reflet des personnages dans la glace; un peu de marge.

6° *L'Etourdi*. Eau-forte du premier état, sans aucunes lettres.

Très belle épreuve, grande marge.

7° *Le Médecin malgré lui*. Eau-forte du premier état, sans aucunes lettres.

Très belle épreuve, avec marge.

8° *Les plaisirs de l'Ile enchantée*. Eau-forte du premier état, sans aucunes lettres, que : *Chédel* à la pointe dans la gravure.

Très belle épreuve, avec marge.

9° *La même estampe*. Epreuve également à l'eau-forte, mais le travail plus avancé que la précédente, sans aucunes lettres, que : *Chédel* à la pointe dans la gravure.

10° *Les fourberies de Scapin*. Eau-forte du premier état, sans aucunes lettres, que : *Chédel* à la pointe.

Très belle épreuve, marge.

BOUCHER (d'après F.)

11° *L'Amour médecin*.

Très rare épreuve à l'état d'eau-forte, quoique avec la lettre, marge.

12° *L'Ecole des femmes*. Eau-forte, avant beaucoup de travaux dans le ciel et l'architecture, mais avec le titre et les noms d'artistes.

Très belle épreuve, avec marge.

13° *Le Mariage forcé*. Eau-forte, avant divers changements dans les fonds et au costume de Sganarelle, avec le titre et les noms d'artistes.

. Très belle épreuve, marge.

14° *Le Misanthrope*. Eau-forte avant divers travaux dans les costumes, avec le titre et les noms d'artistes.

Très belle épreuve, marge.

157. Portrait de Molière, d'après Coypel, — L'Amour Médecin, — le Médecin malgré lui, — Mélicerte, — les Femmes savantes, - la comtesse d'Escarbagnas. Six pièces gravées par J. Punt, d'après Boucher. Epreuves avant toutes lettres. Le portrait provenant de la vente Sieurin est d'une extrême rareté, peut-être unique.

Superbes épreuves, avec de grandes marges, remontées sur du papier ancien; in-4°.

158. Quinze pièces de la même suite de Punt, d'après F. Boucher. Epreuves avant la lettre, seulement : *J. Punt delin et fecit* 1739-1740, sous la tablette. Les plaisirs de l'Ile enchantée, — la princesse d'Elide, — L'Impromptu de Versailles, — la Critique de l'Ecole des femmes, — L'Avare, — Prologue d'Amphitrion, — Amphitrion, — le Sicilien ou l'amour peintre, — Georges Dandin, — les Fourberies de Scapin, — Don Garcie de Navarre, — les Amants magnifiques, — M. de Pourcegnac, — Prologue de Psyché, — Psyché.

Superbes épreuves, avec de grandes marges, remontées sur du papier ancien; in-4°. De la plus grande rareté.

BOUCHER (d'après F.)

159. Le portrait de Molière et vingt-trois pièces de la même suite in-18, gravés par Punt. Ces vingt-quatre pièces imprimées sur douze feuilles.

Très belles épreuves, avant la retouche, grandes marges.

160. La même suite complète. Trente-quatre pièces imprimées sur six feuilles.

Très belles épreuves, avec marges.

161. Prologue d'Amphitrion, réduction en contre-partie. A Paris chez Selis.

Cette pièce, dont le milieu se découpait, devait servir de frontispice à un jeu du dix-huitième siècle, sans doute un jeu de cartes, avec des portraits d'acteurs. Sur la partie à découper, neuf vers commençant par : *Ici l'on voit sans aucuns frais.*

Très belle épreuve. Rare.

162. L'Avare. Copie ancienne, en contre-partie de celle gravée par Laurent Cars, dans le même format.

Très belle épreuve, avant toute lettre.

CHARON

163. Molière annonçant la défense du *Tartuffe*, d'après Bouchot, in-fol. en manière noire.

Très belle épreuve.

COCHIN (d'après Ch.-N.)

164. *Boucher* (François), auteur des illustrations du Molière de 1734, gravé par Laurent Cars, in-4.

Très belle épreuve, toute marge.

165. *Cars* (Laurent), graveur des illustrations du Molière de 1734, gravé par Aug. de Saint-Aubin, in-4.

Très rare épreuve du premier état, à l'eau-forte pure, avant toute lettre.

COCHIN (d'après CH.-N.)

166. *Moreau* (J. M.), le jeune, auteur de deux suites d'il·
lustrations pour les Œuvres de Molière, gravé par
Aug. de Saint-Aubin, in-8.

Superbe épreuve, avec une belle marge.

167. *Prault* (L.-F.), éditeur du Molière de 1734, buste
dans un médaillon rond, gravé par Aug. de Saint-
Aubin, in-8.

Très belle épreuve, marge.

COCHIN (d'après CH.-N.)?

168. Suite de cinq pièces in-4, d'après Boucher, avec légendes en vers au-dessous des titres.

Georges Dandin, — l'Ecole des femmes, — l'Amant déguisé en médecin, — l'Amour peintre, — le Mariage
forcé. Ces cinq pièces sont ici en premier état, avant les
numéros et avant le mot « Crepy ex. »

Superbes épreuves, avec de grandes marges. Très rares.

169. Suite de dix pièces, d'après Boucher, avec légendes en
vers au-dessous des titres, de la même suite que les
précédentes.

Le dépit amoureux, — le Malade imaginaire, — le Mari
trompé, — l'Oiseau en cage, — le Cocu, — l'Embras-
sade amoureuse, — George Dandin, — l'Amour peintre,
— le Mariage forcé, — l'Amant déguisé en médecin.
Ces dix pièces sont en deuxième état, avant les numéros
mais avec le mot « Crepy ex. »

Superbes épreuves, à toutes marges. Très rares.

COYPEL (d'après CH.)

170. *George Dandin.* Acte troisième, scène dernière,
gravé par Joullain, en 1726.

Très belle épreuve, toute marge.

3

DESRAIS (d'après C.-L.)

171. L'Avare, — le Médecin malgré lui, — les Fourberies
de Scapin, — Amphitrion, — Georges Dandin, — le
Tartuffe. Suite de six pièces, petit in-4 ovales. Réductions retournées des pièces de Boucher, avec
quelques changements dans les costumes ; elles sont
de la fin du dix-huitième siècle.

Superbes épreuves. Très rares.

FLIPART (J.-J.)

172. *L'Avare*. Vignette in-4, d'après Cochin, 1762, pouvant
servir comme illustration de la comédie de l'*Avare*
de Molière.

Épreuve avant le texte au verso.

FOULQUIER (V.)

173. Cinquante vignettes pour les Œuvres de Molière, dessinées et gravées à l'eau-forte par Valentin Foulquier,
pour le *Théâtre choisi*, publié par MM. Alfred Mame
et fils. Epreuves d'artiste tirées à cent exemplaires,
sur papier du japon. Paris, Damascène Morgand et
Charles Fatout, 1878.

A cette suite est ajoutée une pièce : Scapin présentant ses
compliments ; c'est le portrait de Coquelin, aussi gravé
par Foulquier, plus l'explication des sujets.

GRAVELOT (d'après H.)

174. En-tête de page avec texte gravé pour la première
scène du premier acte de *Tartuffe*.

Superbe épreuve. Très rare.

HILLEMACHER (F.)

175. Suite complète de cent soixante-six vignettes en-tête
de pages, pour illustrer les Œuvres de Molière.

Épreuves sur chine volant.

MOREAU (d'après J.-M.)

176. Suite complète de trente-trois gravures in-8, par divers graveurs et un portrait gravé par Cathelin, pour les Œuvres de Molière. Édition de Bret, 1773.

Très belles épreuves, toutes marges.

NOLIN (J.-B.)

177. *Molière* (J.-B. Poquelin de), assis sur une chaise, tenant de la main gauche un livre et de la droite une plume, dont la pointe dépasse le bord de la gravure, in-4, d'après Mignard, gravé en 1685.

Magnifique épreuve avant la lettre, de ce célèbre portrait, en deuxième état, avant le pilastre quadrangulaire avec socle, dans le fond, sur lequel, dans les états suivants, est suspendu le cartel. (On ne connaît qu'une seule épreuve du premier état.) Notre exemplaire est de la plus grande fraîcheur et a une grande marge. De toute rareté.

ÉCOLE FRANÇAISE DU XVIIIᵉ SIÈCLE

PIÈCES IMPRIMÉES EN NOIR

ESTAMPES ET PORTRAITS

A. G. T. G.

178. L'Agréable illusion, d'après J. G.

Superbe épreuve, avec marge.

ANSELIN (J.-I.)

179. La belle Jardinière, Mᵐᵉ de Pompadour, d'apès Vanloo, in-4.

Superbe épreuve, toute marge.

BAUDOUIN (d'après P.-A.)

180. L'Amour frivole, par Beauvarlet (E. B. 6).

Très belle épreuve.

181. L'Amour à l'épreuve, par Beauvarlet (5).

Très belle épreuve.

182. Le Carquois épuisé, par N. de Launay (11).

Superbe épreuve.

183. Les Cerises, par N. Ponce (13).

Très belle épreuve.

184. Le Chemin de la Fortune, par Voyez Major (14).

Très belle épreuve.

BAUDOUIN (d'après P.-A.)

185. Le Coucher de la mariée, gravé à l'eau-forte par J.-M. Moreau et terminé au burin, par J.-B. Simonet (16).

> Superbe épreuve, avec toute sa marge. Très rare de cette qualité.

186. Le Curieux, par P. Maleuvre (17).

> Superbe et très rare épreuve avant toute lettre, et avant l'encadrement. Dans cet état, le personnage que l'on aperçoit derrière, la porte a un rabat, lequel, ayant été couvert par des travaux, ne se voit plus dans les états suivants; toute marge.

187. La même estampe.

> Très belle épreuve avant la lettre, mais avec l'encadrement; marge.

188. Le danger du Tête-à-Tête, par Simonet (18).

> Superbe épreuve, toute marge.

189. L'Enlèvement nocturne, par N. Ponce (20).

> Superbe épreuve.

190. L'Epouse indiscrète, par N. de Launay, 1771 (21).

> Très belle épreuve.

191. Le Jardinier galant, par Helman, 1778 (25).

> Superbe épreuve, grande marge.

192. *Jusques dans la moindre chose...*, par L.-J. Masquelier (27).

> Très belle et rare épreuve à l'état d'eau-forte, avant toute lettre et avec le cartouche blanc; marge.

193. La même estampe.

> Très belle épreuve, grande marge.

194. Le Lever, — la Toilette. Deux pièces faisant pendants, gravées par Massard et N. Ponce, 1771 (29 et 48).

> Superbes épreuves avec la première adresse, celle de Mme Baudouin; marges.

BAUDOUIN (d'après P.-A.)

195. Marton, par N. Ponce (31).
Superbe épreuve, grande marge.

196. Le Modèle honnête, gravé à l'eau-forte, par J.-M. Moreau le jeune, et terminé par J.-B. Simonet (34).
Très belle épreuve, marge.

197. Perette, par Guttenberg (36).
Superbe et rare épreuve avant la lettre.

198. La même estampe.
Très belle épreuve, grande marge.

199. *Sa taille est ravissante,* par Le Beau, 1776 (43).
Très belle épreuve, grande marge.

200. La Sentinelle en défaut, par N. de Launày, 1771 (44).
Très belle épreuve.

201. La Soirée des Tuileries, par Simonet (47).
Très belle et rare épreuve avant toutes lettres, mais avec la bordure.

202. La même estampe.
Superbe épreuve, toute marge.

BEAUVARLET (J.-F.)

203. *Du Barry* (Madame la comtesse), en costume de chasse, d'après Drouais, in-fol.
Superbe épreuve, toute marge.

BENOIST (G -Ph.)

204. Carlin *Bertinazzi*, comédien ordinaire du Roy, d'après De Lorme, in-8.
Très belle épreuve.

205. *Clairon* (Mademoiselle), en buste de profil, dans un médaillon, d'après une cire, in-8.
Très belle épreuve, avec le nom du graveur écrit à la pointe et avant l'adresse.

BOILLY (d'après L.)

1 0 5 206. Le Prélude de Nina, par A. Chaponnier.
Très belle épreuve avant la lettre.

81 207. La Serinette, par Honoré.
Très belle épreuve avant la lettre, marge.

BOREL (d'après A.)

7 2 208. L'Abandon voluptueux, par Dennel.
Superbe épreuve avant toutes lettres.

1 0 0 209. L'Indiscret, par Dequevauviller.
Très belle épreuve avec la première adresse, celle de Dequevauviller.

4 0 210. L'Innocence en danger, par Huot, 1792.
Très belle épreuve avant la dédicace, marge.

141 211. Le Voilà fait, par Huot. (Vue du Jardin du Palais-
Royal, en 1790).
Très belle et rare épreuve avant toutes lettres, seulement les noms des
artistes tracés à la pointe.

BOUCHER (d'après F.)

6 0 5 212. La Bouquetière galante, par J.-B. Tilliard.
Superbe épreuve d'une pièce de la plus grande rareté.

1 0 0 213. L'Attention dangereuse, par Dennel.
Superbe épreuve avant toutes lettres, marge.

7 5 214. La Vertu irrésolue, par Dennel.
Superbe épreuve avant toutes lettres et le cartouche des armoiries,
blanc. Cette pièce est d'après Mme Vigée-Lebrun.

2 9 215. Les Confidences pastorales. — La Toilette pastorale.
Deux pièces faisant pendants, gravées par Cl. Duflos.
Superbes épreuves, toutes marges.

3 0 216. La Petite maîtresse d'école, par De Fehrt.
Très rare épreuve avant toutes lettres, à l'état d'eau-forte, marge.

BRADEL (P.-J.-B.)

217. *Eon de Beaumont* (la Chevalière d'). in-fol.

Très belle épreuve avec marge.

DE BRÉA

218. *Renaut* (Mademoiselle) l'aînée, reçue à la Comédie italienne le 19 mars 1785, in-4.

Très belle épreuve, marge.

BUCHERIE (A Paris, rue de la)

219. La Mort du patriote Marat, pièce gravée à la manière du lavis, avec complainte en bas.

Très belle épreuve, avec marge. Rare.

219 *bis*. Marie-Anne-Charlotte Corday, écrivant sa dernière lettre à son père, gravé comme la précédente dont elle fait le pendant, à la manière du lavis ; en bas, le texte de sa lettre.

Très belle épreuve avec marge. Rare.

CAMPION (C.)

220. *Guillonville* (Madame de), in-8, 1773.

Très belle épreuve avant toutes lettres, seulement le nom du graveur tracé à la pointe ; plus la contre-épreuve de ce même état. Deux pièces avec belles marges.

CARMONTELLE (d'après L.-C. DE)

221. *Brizard* dans le rôle du *Roi Lear*, in-fol en pied.

Rare épreuve à l'état d'eau-forte.

CHALLE (d'après M.-A.)

222. La Ruelle, par Malapeau.

Superbe épreuve, toute marge.

223. The officious Waiting woman, par Chaponnier.

Superbe et très rare épreuve avant la lettre, grande marge.

CHENU (Pierre)

6   224. *Favart* (Madame), actrice, d'après Garand, in-8.
       Très belle épreuve, marge.

CHODOWIECKI (D.)

4 5   225. Frédérique-Sophie-Wilhelmine, princesse de Prusse.
       1767, in-fol.
       Très belle épreuve.

CHOQUET et MANCEAU

6 8   226. Dortoire philosophique de Madame Plumet et Cie,
       marchandes de modes. Sujet tiré d'un *Rêve sur le*
       beau idéal, 1821.
       Très belle épreuve avant la lettre.

COCHIN (d'après Ch.-N.)

3 8   227. *Favart* (J. Du Ronceray, Madame), actrice, par J.-J.
       Flipart, in-8.
       Très rare épreuve, le médaillon seul à l'eau-forte pure. Rare.

5   228. Le même portrait.
       Très belle épreuve avant les mots : Frontispice du tome V.

3 9   229. *Le Couteulx Du Moley*, (Sophie), gravé par Aug. de
       Saint-Aubin. 1776, in-4.
       Très rare épreuve à l'état d'eau-forte.

6 1   230. Le même portrait.
       Superbe épreuve, presque entièrement terminée, avant toutes lettres.

2 5   231. Le même portrait.
       Très belle épreuve, marge.

   232. *Lépicié* (Nicolas-Bernard), gravé par J.-F. Rousseau.
       1776, in-4.
       Très belle épreuve avant toutes lettres, grande marge.

20   233. Le même portrait.
       Très belle épreuve, toute marge.

   234. *Prault* (P.), typographus parisiensis, gravé par Lau-
       rent Cars en 1755, in-4.
       Très belle épreuve, marge.

COYPEL (d'après Ch.)

235. *Ce dépit n'est point redoutable.* (Portrait de Mᵐᵉ Favart contemplant le portrait du maréchal de Saxe), gravé par P.-L. Surugue le fils, in-4.

Très belle épreuve, toute marge.

236. *Entre deux mouvements sans cesse partagée.* (Portrait de Madame Favart se mirant), gravé par Lépicié, in-4.

Très belle épreuve, toute marge.

DEPEUILLE (A Paris, chez)

237. L'Héroïne du Jardin Égalité, pièce in-4, avec légende en bas.

Très belle épreuve. Rare.

DESRAIS (d'après C.-L.)

238. Le Bouquet dangereux. — Le Serment à la mode. Deux pièces faisant pendants, gravées par L.-S. Berthet.

Très belles épreuves.

239. Promenade du boulevart Italien (avril 1797), gravé par Voysard.

Très belle épreuve du premier état, avant les feuilles aux arbres, dans le fond.

240. Voltaire couronné par Mademoiselle Clairon, gravé par Dupin.

Très belle épreuve avant l'inscription et le numéro dans le haut de la gravure, marge.

DUCLOS (d'après A.-J.)

241. Le Bouquet déchiré. — Le Délire. Deux pièces faisant pendants, gravées par Jeanne Deny.

Superbes épreuves. Très rares.

DUGOURE (d'après)

242. *Roxelane*, par Le Beau.

Très belle et rare épreuve avant la lettre, grande marge.

DUPIN FILS

243. *Contat* (Mademoiselle), de la Comédie française, dans le rôle de Suzanne du *Mariage de Figaro*, d'après Desrais, in-8.

Très belle épreuve avant le numéro, marge.

DUPLESSIS-BERTAUX (J.)

244. Répertoire du Théâtre français, pièce in-4, où sont représentés des portraits d'auteurs classiques et des scènes de comédie, 1816.

Très belle épreuve avant la lettre. Rare.

245. La Bienfaisance ingénue.

Belle épreuve à l'état d'eau-forte.

DUPLESSIS-BERTAUX (d'après)

246. L'Instant de la gaieté. — La Réflexion tardive. — La Perte irréparable. — La Chambrière instruite. Suite de quatre très jolies pièces faisant pendants, publiées à Londres, par R. Sayer.

Très belles épreuves.

247. La Réflexion tardive.

Très rare épreuve avant toutes lettres, marge.

248. Le Marché conclu. — La Fille mal payé. Deux pièces faisant pendants et paraissant faire suite aux précédentes, publiées à Londres, par Picot. Au bas on lit : S. et del. W. D. et sculp.

Très belles épreuves.

EISEN (d'après F.)

249. L'Amour en ribotte. — Les Dragons de Vénus. Deux
pièces faisant pendants, gravées par Halbou.

Très belles épreuves, avec marges.

EISEN (d'après Ch.)

250. Le Jour. — La Nuit. Deux pièces faisant pendants,
gravées par Patas.

Superbes épreuves, toutes marges.

251. La Déclaration. Une jeune fille en grande toilette,
assise dans un salon, écoute la déclaration passionnée
d'un jeune seigneur assis auprès d'elle, in-4.

Très belle épreuve avant toutes lettres. Rare.

252. *Baisers de Dorat*. En-tète du dixième baiser. — En-
tète du vingt-huitième baiser. Deux pièces.

Très rares épreuves à l'état d'eau-forte, marges.

253. Une figure in-8, représentant un festin, pour les *Mois-
sonneurs*, comédie en trois actes et en vers, meslée
d'ariettes, par M. Favart, 1768.

Très belle et rare épreuve à l'état d'eau-forte, marge.

254. Une figure in-8, gravée par Ponce, pour le *Poème
d'Adonis*, par Fréron et Colbert. Londres et Paris, 1775.

Très belle et rare épreuve à l'état d'eau-forte, grande marge.

255. Fleuron gravé par De Launay, pour les *Chefs-d'œuvres
dramatiques* de Marmontel, 1773.

Très belle épreuve à l'état d'eau-forte, avec marge.

ELLUIN (F. R.)

256. *Dumesnil* (Marie), de la Comédie française, reçue
en 1737, dans le rôle d'Athalie, in-4.

Très belle épreuve, toute marge.

ELLUIN (F.-R.)

257. *La Ruette* (Jean-Louis), comédien italien ordinaire du
roi, reçu en 1762. — Villette (Marie-Thérèse) femme
La Ruette, de la Comédie italienne, reçue en 1762.
Deux portraits in-4 faisant pendants, d'après Leclerc.

Superbes épreuves, toutes marges.

258. Villette (Marie-Thérèse), femme *La Ruette*, d'après
Leclerc, in-4.

Très belle et rare épreuve avant toutes lettres, marge.

259. *Le Kain* (Henri-Louis), comédien ordinaire du roi, reçu
en 1762, in-4, d'après J. Bertaux.

Très belle épreuve avec l'adresse du graveur, grande marge.

260. *Raucour* (Françoise A.-M. de), de la Comédie française, reçue le 23 mars 1773, in-4.

Très belle épreuve.

FRAGONARD (d'après H.)

261. La Chemise enlevée, par E. Guersant.

Très belle épreuve, marge.

262. La Coquette fixée, gravé à l'eau-forte par J. Couché
et terminé au burin par Dambrun.

Superbe et très rare épreuve avant la dédicace, toute marge.

263. La Fontaine de l'amour, par N.-F. Regnault.

Superbe épreuve avant la lettre, seulement le titre et les noms des
artistes tracés à la pointe.

264. La Fuite à dessein, par C. Macret et Couché, 1783.

Très belle épreuve avant la dédicace.

265. Les Hazards heureux de l'Escarpolette, par N. De
Launay.

Superbe et très rare épreuve avant la dédicace et avec la faute au mot
Escarpolette, écrit avec un *s*. Elle est aussi avant l'initiale *H*, en avant
du nom de Fragonard, dans l'inscription, au bas, à gauche. D'une
grande fraîcheur.

FRAGONARD (d'après H.)

266. Le Joli chien, pièce de forme ovale en hauteur, publiée chez Augustin le Grand.

Superbe épreuve, toute marge. Très rare.

267. S'il m'était aussi fidèle, par Dennel.

Superbe épreuve avant toutes lettres.

268. Le Verrou, par Blot.

Très belle épreuve, avec une grande marge.

FREUDEBERG (d'après S.)

269. Le Petit jour, par N. de Launay.

Superbe épreuve.

270. L'Événement au bal, gravé à l'eau-forte par Duclos et terminé au burin par Ingouf junior.

Très belle épreuve avant le numéro, marge.

271. L'Occupation, par Lingée.

Très belle épreuve.

272. La Toilette, par Voyez l'aîné, 1774.

Très belle épreuve avant le numéro.

GARNERAY (d'après L.)

273. Promenades aériennes. Jardin Baujon, gravé par Lerouge.

Belle épreuve.

GILLOT (Claude)

274. Suite d'acteurs de l'ancienne Comédie française. Les personnages représentés portent les légendes ci-après :

Montménil, de la Comédie française, dans son habit de valet;

GILLOT (Claude)

Dangeville le père, de la Comédie française, dans son habit de niais;

Du Chemin le père, jouant le paysan dans la comédie du Grondeur.

Le même. Epreuve avant toutes lettres.

La Torillière le père, dans son habit de valet Espagnol, du Grondeur.

Crépin, dans son habit de Gilles, parlant à son maître.

Quinson, dans son habit de Pierrot, de l'Opéra-Comique.

Sept pièces in-8, d'une suite très rare. Très belles épreuves.

GILLOT (d'après Cl.)

275. *Théâtre-Italien*. Livre de scènes comiques inventées par Gillot, à Paris, chez Huquier.

Neuf pièces, dont cinq avant la lettre, trois avec la lettre et le titre à l'état d'eau-forte. Les trois pièces avec la lettre sont doubles des avant la lettre et de l'eau-forte.

GRAVELOT (d'après H.)

276. *Clairon* (Mademoiselle), couronnée par Melpomène, gravé par N. Le Mire.

Très rare épreuve avant toutes lettres, à l'état d'eau-forte.

277. La même estampe.

Très belle épreuve, toute marge.

GRAVELOT (d'après H.)?

278. *Auretti* (Mademoiselle), célèbre danseuse, in-fol. en pied, sans noms d'artistes.

Très belle épreuve. Rare.

GREUZE (d'après J.-B.)

279. La Cruche cassée, par J. Massard, 1773.
Très belle épreuve, avec marg'.

280. Le Malheur imprévu, par R. De Launay.
Très belle épreuve.

281. Le Tendre désir, gravé par C...
Superbe et très rare épreuve, avant toutes lettres.

282. Le même estampe.
Très belle épreuve, avec marge. Les armoiries ne sont plus les mêmes que dans l'épreuve avant la lettre indiquée au numéro précédent.

283. La Voluptueuse, par R. Gaillard.
Très belle épreuve.

284. *Greuze* (J.-B.), gravé à la manière noire. A Paris, chez Bligny, in-8.
Très belle épreuve, marge.

GUÉRAIN (d'après)

285. Le Trente-un, ou la Maison de prêt sur nantissement, par J. Darcis.
Très belle épreuve, marge.

HILAIRE (d'après J.-B.)

286. L'Esclave heureux, par J. Mathieu.
Superbe épreuve avant toutes lettres et avant la draperie.

HOIN (d'après Cl.)

287. L'Ecueil de la sagesse, par De Monchy.
Très belle épreuve avant la lettre.

HUBERT (J.-J.)

288. *D'Oligny* (Mademoiselle), de la Comédie française, d'après M. Vanloo, in-fol.
Très belle épreuve.

IMBERT (d'après)

289. Le Bilboquet, par Mademoiselle Papavoine.
> Très belle épreuve avant toutes lettres.

290. Le Passe-Passe, par Mademoiselle Papavoine.
> Très belle épreuve.

LANCRET (d'après N.)

291. Les Agréments de la campagne, par Joullain.
> Très belle épreuve, marge.

292. La Musique champêtre, par Et. Fessard, 1758.
> Superbe épreuve, toute marge.

LAVREINCE (d'après N.)

293. L'Assemblée au Concert. — L'Assemblée au Salon. Deux pièces faisant pendants, gravées par Dequevau-viller (E.-B., 5 et 6).
> Superbes épreuves, avec marges.

294. Le Billet doux, par N. De Launay (10).
> Superbe épreuve, avec marge.

295. Le Concert agréable, par D.-N. Varin (E.-B., 13).
> Très belle épreuve, avec la première adresse, celle de Vidal.

296. La Consolation de l'absence, par N. de Launay (14).
> Superbe et très rare épreuve, avec la tablette en blanc, avec les armes, le titre et les noms des artistes, sans aucunes autres lettres.

297. Le Coucher des ouvrières en modes, par F. Dequevau-viller (16).
> Superbe et rare épreuve, avec le titre, les noms des artistes et le privilège, sans aucunes autres lettres, marge.

298. Le Lever des ouvrières en modes, par F. Dequevau-viller (36).
> Superbe et très rare épreuve, avec le titre et les noms des artistes, sans aucunes autres lettres, marge.

4

LAVREINCE (d'après N.)

98 299. La même estampe.

> Très belle épreuve, avec la première adresse, celle du graveur, qui fut plus tard remplacée par celle de Bance, marge.

165 300. Le Déjeuner anglais, par Vidal (17).

> Très belle épreuve.

301. La Leçon interrompue, par Vidal (35).

> Très belle épreuve.

67 302. Les deux cages ou la plus heureuse, par de Brea (19).

> Très belle épreuve, avec grande marge.

87 303. École de danse, par F. Dequevauviller (22).

> Très belle épreuve, avec la première adresse, celle du graveur, qui fut plus tard remplacée par celle de Bance; marge.

235 304. L'Heureux moment, par N. De Launay (28).

> Superbe et très rare épreuve, avec la tablette en blanc, les noms des artistes, le titre et les trois initiales de Lempereur entrelacées dans un cartouche tenant lieu d'armoiries, sans aucunes autres lettres.

640 305. Qu'en dit l'Abbé, par N. de Launay (51).

> Superbe et rare épreuve, avec les armes, le titre et les noms des artistes, sans aucunes autres lettres; marge.

45 306. Le Restaurant, par Deni (53).

> Très belle épreuve.

79 307. Le retour trop précipité, par J.-A. Pierron, 1788 (54).

> Superbe et très rare épreuve du premier état, avec le titre et les noms des artistes, sans aucunes autres lettres; marge.

245 308. Le roman dangereux, par Helman (56).

> Très belle et rare épreuve, avec une grande marge.

235 309. Les Sabots, par J. Couché (57).

> Superbe et très rare épreuve avant la dédicace; toute marge.

LAVREINCE (d'après N.)

310. La Soubrette confidente, par G. Vidal (61).

Superbe épreuve, avec marge.

311. Valmont and présidente de Tourvel, composition tirée des *Liaisons dangereuses*, gravée par Romain Girard (63).

Très belle épreuve, toute marge.

312. The Green Plot. (E. B. 10 des pièces douteuses). — The Grove, pièce non décrite. Deux sujets faisant pendants.

Très belles épreuves, marges.

LE BARBIER (d'après)

313. Vignettes in-8 pour les Chansons de La Borde, dont le détail suit :

1. Le Bal, tome II.
2. La déclaration ingénieuse, tome III.
3. La douleur de l'absence   — —
4. L'Heureux songe, tome IV.
5. La Capricieuse,   — —
6. Le sommeil de l'amour, tome IV.

Ces six pièces à l'état d'eau-forte, avant toutes lettres, sont d'une grande fraîcheur et ont de belles marges.

314. Quatre figures in-4 avec bordures, pour les Œuvres de Salomon Gessner.

Très rares épreuves à l'état d'eau-forte, avec belles marges.

LE BEAU (P.-A.)

315. *Maillard* (Mademoiselle), de l'Académie royale de musique, in-8.

Superbe épreuve avant le numéro, toute marge.

LE BEAU (P.-A.)

316. *Olivier* (Mademoiselle), de la Comédie française, d'après Desrais, in-8.

Très belle et rare épreuve avant toutes lettres.

317. Le même portrait.

Belle épreuve avant le numéro.

LE BRUN (d'après Mme Vigée)

318. Portrait de feu Madame la duchesse de *Polignac*, gravé par Fischer en 1794.

Très belle épreuve. Rare.

319. *Le Brun* (Madame Vigée), représentée assise par terre, tenant sa palette et ses pinceaux. A Paris, chez Fatou, in-4.

Très belle épreuve.

LE CLERC (d'après)

320. *La Ruette*, dans *les Chasseurs et la Laitière*, in-4, avec bordure.

Très belle épreuve avant toutes lettres. Rare.

LEGOUX

321. *Dauberval* (Théodore), — Jean *Bercher-Dauberval*. Deux petits portraits en bustes, dans des médaillons de forme ovale, faisant pendants, d'après Le Fèvre, in-8.

Très belles épreuves, avec marges. Rares.

LEMPEREUR (L.)

322. *Lecomte* (Marguerite), d'après Watelet, in-4.

Superbe épreuve avant l'inscription autour de l'ovale, marge.

LEMPEREUR (I.)

323. Le même portrait.

Très belle épreuve, avec l'inscription, marge.

LE NOIR (d'après)

324. Vue du Vauxhall de la foire Saint-Germain. Paris, chez Lerouge, rue des Grands Augustins, 1772. En bas, le plan du monument.

Superbe épreuve. Très rare.

LE PEINTRE (d'après)

325. La Cage symbolique, par Fessard.

Superbe et rare épreuve avant la dédicace, toute marge.

LE PRINCE d'après J.-B.

326. L'Amour des fleurs, par Chevillet.

Très belle épreuve, marge.

LE TELLIER (C.-F.)

327. *Vallayer-Coster* (Anne), de l'Académie royale de peinture et de sculpture en 1770, d'après elle-même, in-4.

Superbe et très rare épreuve avant toutes lettres.

328. Le même portrait.

Très belle épreuve, avec la lettre.

LE TELLIER (Chez)

329. Ecran nouveau; au milieu, une complainte avec quatre portées de musique, sur la naissance du Dauphin. Dans le haut, les portraits du roi Louis XV et de la reine Marie Leczinska.

Belle épreuve. Rare.

LITTRET

330. d'É... (Madame), marquise de *Pompadour*, d'après Schenau, in-4.

Très belle épreuve.

MACRET (C.)

331. *Le Gros* (Joseph), de l'Académie royale de musique, reçu en 1763, d'après le Clerc, in-4.

Très belle épreuve, marge.

MALLET (d'après)

332. Chit chit !... — Par ici !... Deux très jolies pièces, faisant pendants, gravées par Copia.

Très belles épreuves, toutes marges.

333. L'Heureux ménage, par Armano, graveur amateur.

Superbe épreuve avant toutes lettres, seulement le nom du graveur tracé à la pointe.

334. Les jeux de l'amour, par Beljambe.

Très belle épreuve avant toutes lettres, seulement les noms des artistes tracés à la pointe.

MARILLIER (d'après)

335. Les désirs réciproques, — les Regrets inutiles. Deux pièces faisant pendants, gravées par Mme Chevery.

Superbes et très rares épreuves avant toutes lettres.

336. Les mêmes estampes.

Très belles épreuves, avec belles marges. Rares.

337. Le retour des spectacles. A Paris, chez Crousel, sans noms d'artistes.

Très belle épreuve.

338. Frontispice du 1er volume des Fables de Dorat, gravé par de Ghendt, 1772.

Très rare épreuve, à l'état d'eau-forte, avec une belle marge.

MARILLIER (d'après)

339. Vignettes, en-têtes et culs-de-lampe pour les mêmes
Fables :

1 Fleuron, fable V, livre 1er.
2   —   fable IV, livre second.
3   —   fable XIV, livre second.
4   —   fable XV, livre second.
5 En-tête, fable XVI, livre second.
6   —   fable XXII, livre second.
7   —   fable XXIV, livre second.
8   —   fable IV, livre III, seconde partie.
9   —   fable XV, livre III,   —

340. Fleurons pour les Œuvres de Baculard d'Arnaud. Trois
pièces.

Très rares épreuves, à l'état d'eaux-fortes, plus une double, terminée
en épreuve tirée hors texte. 4 pièces.

341. Marguerite, reine de Navarre, petit buste, dans un
médaillon entouré de guirlandes de roses, avec figures
dans les fonds, en-tête de page in-8.

Rare épreuve, à l'état d'eau-forte, marge.

MARTINET

342. *Répertoire*, cadre rectangulaire, surmonté d'un médaillon circulaire, avec buste couronné de lauriers ;
en bas, des amours dont un sculpte le buste du roi
Louis XV.

Très belle épreuve, sans aucunes lettres.

MASQUELIER (L.-J.)

343. *La Borde* (J.-B. de), premier valet de chambre du
Roi et auteur des Chansons ; en buste dans un encadrement ayant la forme d'une lyre, et paysage dans
les fonds, gravé d'après De Non, in-8.

Superbe et très rare épreuve avant toutes lettres, à l'état d'eau-forte, de
la plus grande fraîcheur, avec une belle marge.

MIGER

344. *Caillot* (Joseph), comédien, d'après Vernet, in-4.
Très belle épreuve.

MOITTE (d'après P.-E)

345. L'Ecueil de l'Innocence, — le Consommé. Deux piéces faisant pendants, gravées par Deny.

Superbes épreuves, avec l'adresse de l'auteur, grandes marges.

MONNET (d'après C.)

346. Venus et Adonis, par Vidal.

Superbe épreuve avant toutes lettres et avant la draperie.

347. Vignette in-8, gravée par Delaunay, pour le *Temple de Gnide* par Colardeau. Paris, Lejay, 1773, in-8.

Très rare épreuve, à l'état d'eau-forte, belle marge.

MOREAU (J.-M.)

348. Place Louis XV, vue prise des Champs-Elysées, 1772.

Très rare épreuve, à l'état d'eau-forte, avant toutes lettres, seulement le nom de J.-M. Moreau le jeune, in. sc. 1770, tracé à la pointe, à gauche, sous le trait carré; marge.

349. La même estampe.

Superbe et première épreuve, terminée; elle est avec le titre, mais avant le nom de J.-B. Tilliard, gravé sous le trait carré, à droite: marge.

350. Fêtes données au Roi Louis XVI et à la Reine Marie-Antoinette, le 23 janvier 1782, par la ville de Paris, à l'occasion de la naissance de Monseigneur le Dauphin : *le Bal masqué*.

Superbe et rare épreuve avant la lettre, avec une petite marge.

351. Appareils pour redresser la tête. Trois bustes de jeunes femmes sur une même feuille, gravé à l'eau-forte

Superbe épreuve. Très rare.

352. *La Borde* (J.-B. de), premier valet de chambre du Roi, d'après Denon.

Très belle épreuve, avec marge.

MOREAU (d'après J.-M.) LE JEUNE

353. Frontispice du premier volume des Chansons de La
  Borde, gravé par Masquelier.

  Épreuve d'un premier état non décrit; dans le cercle ren-
  fermant les armes de la Dauphine, se trouve, dans notre
  épreuve, son portrait, où elle est représentée en buste,
  coiffure basse et les épaules nues. Ce petit buste, un
  souffle de l'artiste, est gravé avec une extrême délica-
  tesse; elle est aussi avec le mot *pouvaient* au lieu de peu-
  vent au troisième vers, et avant les noms des artistes.

  > Nous n'avons rien à dire pour la rareté de cette épreuve, puisqu'elle
  > est la seule connue jusqu'à ce jour. Elle est très fraîche et a une petite
  > marge.

354. Couronnement de Voltaire sur le Théâtre Français, le
  30 mars 1878, après la sixième représentation d'*Irène*,
  gravé par Ch.-Et. Gaucher.

  > Très belle épreuve, avec les armes et la dédicace à la marq ise de
  > Villette.

355. Les Vœux accomplis. Buste de la comtesse d'Artois,
  posé sur un piédestal, entouré de figures allégoriques,
  gravé par J.-B. Simonet.

  > Superbe et très rare épreuve avant toutes lettres, seulement les noms
  > des artistes tracés à la pointe, au-dessous des armes; très grande marge.

356. *Répertoire.* Cartouche surmonté du médaillon de
  Louis XV et entouré à droite et à gauche des figures
  de la Comédie et de la Tragédie, gravé par N. Ponce
  en 1770.

  > Très belle épreuve. Rare.

357. *Répertoire.* Un grand cadre rectangulaire, dont les
  côtés sont en demi-cercle; en haut, sur un nuage qui
  entoure tout le cadre, un médaillon circulaire avec le
  buste de Louis XV âgé, gravé par Lempereur.

  > Superbe épreuve du premier état, avant que le portrait de **Louis XV**
  > ité remp'acé par celui de Loui XVI.

MOREAU (d'après **J.-M.**) LE JEUNE

358. *Répertoire.* Cadre rectangulaire, dont la partie supérieure se renfle au milieu en deux rinceaux et supportant un médaillon circulaire, dans lequel on voit le portrait de Louis XVI. Au milieu on lit : *Répertoire de Fontainebleau. Année M.DCC.LXXXIII,* et au-dessous, en deux colonnes, le programme, pour le mois d'octobre de cette année, des spectacles de la cour, gravé par Martini.

Superbe épreuve. Très rare.

359. Déclaration de la grossesse, par P.-A. Martini, 1776.

Très belle et rare épreuve avant la lettre, marge du cuivre.

360. La même estampe.

Très belle épreuve, avec les lettres A. P. D. R., marge du cuivre.

361. Les Précautions, par P.-A. Martini, 1777.

Très belle épreuve, avec les lettres A. P. D. R., marge du cuivre.

362. J'en accepte l'heureux présage, par Ph. Trière.

Très belle épreuve, avec les lettres A. P. D. R., marge du cuivre.

363. N'ayez pas peur, ma bonne amie, par Helman, 1776.

Très belle épreuve, avec les lettres A. P. D. R., marge du cuivre.

364. C'est un fils, Monsieur! par C. Baquoy, 1776.

Très belle épreuve, avec les lettres A. P. D. R., marge du cuivre.

365. Les Petits Parrains, par Baquoy et Patas, 1777.

Très belle épreuve, avec les lettres A. P. D. R., marge du cuivre.

366. Les Délices de la Maternité, par Helman, 1777.

Très belle épreuve, avec les lettres A. P. D. R., marge.

367. L'Accord parfait, par Helman, 1777.

Très belle épreuve, avec les lettres A. P. D. R., marge du cuivre.

MOREAU (d'après J.-M.) LE JEUNE

205   368. Le Rendez-vous pour Marly, par Guttenberg.

> Superbe épreuve avant la lettre, marge du cuivre.

130   369. La même estampe.

> Très belle épreuve, avec les lettres A. P. D. R., marge du cuivre.

161   370. Les Adieux, par De Launay le Jeune, 1777.

> Très belle épreuve, avec les lettres A. P. D. R., grande marge.

145   371. La Rencontre au Bois de Boulogne, par Guttenberg.

> Très belle épreuve avant la lettre, marge du cuivre.

81   372. La même estampe.

> Très belle épreuve, avec les lettres A. P. D. R., grande marge.

100   373. La Dame du Palais de la Reine, par P.-A. Martini, 1777.

> Très belle épreuve, avec les lettres A. P. D. R., marge.

200   374. La Sortie de l'Opéra, par Malbeste.

> Superbe épreuve, avec les lettres A. P. D. R., marge du cuivre.

10   375. Fleuron du titre du deuxième volume de la *Chimie* de Baumé, gravé par J. Le Veau.

> Rare épreuve à l'état d'eau-forte.

17   376. Figures de l'histoire de France, dessinées par M. Moreau le Jeune... avec le discours de M. l'abbé Garnier... 1785. Trois pièces de cette suite.

> Rares épreuves à l'état d'eaux-fortes.

377. Deux vignettes in-8, gravées par A.-J. Duclos et Née, pour les *Incas* de Marmontel. Page 48, chap. III, premier volume, et page 360, chap. LIII, deuxième volume.

101

> Très rares épreuves, à l'état d'eaux-fortes, avec belles marges.

MOREAU (d'après J.-M.) LE JEUNE

378. Vignette in-8, gravée par Porporati pour *Métastase : Il re pastore*. Septième volume, page 109.

Très rare épreuve, à l'état d'eau-forte, marge.

379. *Les Grâces de Querlon.* 1° Les Grâces chantées par Pindare, gravé par Massard, page 1.
2° Les Grâces, par N. de Launay, page 169.

Ces deux pièces, à l'état d'eaux-fortes, sont de la plus grande rareté et ont de grandes marges ; seront vendues séparément.

380. Vignette frontispice pour *Paul et Virginie*, édition Méquignon-Marvis, 1818, in-8.

Très rare épreuve, à l'état d'eau-forte, marge.

381. Vignette en-tête du livre III des *Aventures de Télémaque...* Bruxelles, 1776, gravé par Gaucher.

Très rare épreuve, à l'état d'eau-forte, marge.

MOREAU ET FREUDEBERG (d'après)

382. Mademoiselle *Raucourt*, de la Comédie-Française. En buste dans un médaillon ovale reposant sur un cartouche, où elle est représentée dans la tragédie de *Mithridate*, acte V, scène 2, gravé par C.-L. Lingée.

Superbe et très rare épreuve avant toute lettre, avec toute sa marge.

383. Le même portrait.

Superbe épreuve, avec toute sa marge.

MULLER (J.-G.)

384. *Le Brun* (Madame Vigée), d'après elle-même, in-folio.

Superbe épreuve avant toute lettre.

MAITRE ANONYME DU XVIII SIÈCLE

385. La Servante justifiée, in-4 en hauteur, pour les Contes de La Fontaine, ainsi que les suivantes.

Très rare épreuve, à l'état d'eau-forte, avant toute lettre.

MAITRE ANONYME DU XVIIIe SIÈCLE

386. Comment l'esprit vient aux filles, in-4 en hauteur.

Très belle épreuve avant toute lettre, de la plus grande rareté.

387. Le Diable en enfer, in-4 en hauteur.

Superbe épreuve avant toute lettre, de la plus grande rareté.

388. Le Baiser donné, in-4 en hauteur.

Superbe épreuve avant toute lettre, à l'état d'eau-forte, avec marge. De la plus grande rareté. Cette pièce et les trois précédentes, d'un artiste inconnu, semblent faire partie d'une même suite qui n'a pas été continuée.

PAROY (le comte DE)

389. *Le Brun* (Madame Vigée), d'après elle-même, in-8.

Très belle épreuve, marge.

390. *Polignac* (la duchesse de) étudiant un morceau de musique, d'après Madame Le Brun, in-8.

Superbe épreuve, toute marge.

391. Jeune fille à mi-corps, dans un médaillon, tenant avec ses mains un fichu sur sa poitrine, d'après Madame Le Brun, in-4.

Très rare épreuve, sans aucune lettre, à l'état d'eau-forte.

PATAS

392. Mademoiselle *Colombe* l'aînée, reçue à la Comédie Italienne en 1778, rôle de Bélinde, acte premier, scène V de la *Colonie*, in-folio en pied.

Superbe épreuve, avec marge.

PRUNEAU (N.)

393. Mademoiselle Rosalie *Levasseur*, de l'Académie royale de musique, d'après Ph. Dumont, in-4.

Très belle épreuve, toute marge.

QUEVERDO (d'après)

394. Billet de théâtre. Petit cadre orné, avec les armes de
France à la partie supérieure. Dans l'intérieur du
cadre se tiennent Pierrot, Colombine, Arlequin, Pan-
talon; la légende est : Comédie italienne. Pour...
personne... à l'amphithéâtre. Ce... 177., gravé par
C. Baron

Superbe épreuve. Très rare.

395. Compositions galantes. Quatre sujets dans des médaillons ovales en largeur, avec bordures ornementées,
pour dessus de tabatières.

Très belles épreuves. Rares.

396. Sujets galants et sujets de chasse et de pêche. Six médaillons ronds, imprimés sur une même feuille in-8.

Très belle épreuve avant toute lettre, marge.

SAINT-AUBIN (Aug. De)

397. Louise-Émilie, Baronne de ***. — Adrienne-Sophie, marquise de ***. Deux pièces faisant pendants. (E. B. 7
et 72.)

Très belles épreuves avant les adresses et avec le nom de Saint-Aubin,
tracé à la pointe, sous le trait carré.

398. Le Réfractaire amoureux (457).

Superbe et très rare épreuve avant toute lettre et avant de nombreux
changemeuts, notamment dans les armes et dans la figure de l'abbé, qui
par la suite a été remplacée par celle d'un officier.

399. *Renouard* (M. et Madame) et leurs trois enfants, représentés sur une même feuille in-4.

Très belle épreuve, sur chine, avec marge.

SAINT-AUBIN (d'après Aug. De)

400. Le Bal paré. — Le Concert. Deux pièces faisant pendants, gravées par A.-J. Duclos (402-403).

Superbes épreuves.

SAINT-AUBIN (d'après Aug. De)

401. Tableau des portraits à la mode. — Promenade des
remparts de Paris. Deux pièces faisant pendants, gravées par P.-F. Courtois (378 et 382).

Très belles épreuves.

SAINT-AUBIN (d'après G. De)

402. Ballet dansé au théâtre de l'Opéra dans le *Carnaval du
Parnasse*. — La Guinguette, divertissement-panto-
mime du Théâtre Italien. Deux pièces faisant pendants, gravées par F. Basan.

Très belles épreuves.

403. La Comparaison du Bouton de rose, par Dennel.

Superbe épreuve avant toute lettre, grande marge.

TANCHE (d'après N.)

404. Les Désirs naissants. — Le Danger des bosquets. Deux
pièces faisant pendants, gravées par Le Beau.

Superbes épreuves, avec de grandes marges.

TOUZÉ (d'après J.-L.)

405. Les Amusements dangereux, par Voyez le Jeune.

Superbe et très rare épreuve, avant toute lettre.

406. La même estampe.

Très belle épreuve, marge.

407. La Présidente Tourvel, par Romain Girard.

Très belle épreuve, toute marge.

TRINQUESSE (d'après L.)

408. L'Irrésolution, ou la Confidence, par J.-A. Pierron,
1787.

Superbe épreuve avant la dédicace, avec une belle marge.

VERNET (d'après C.)

409. Jeune femme à cheval, en costume d'amazone, suivie
d'un cavalier, fait franchir un obstacle par son cheval,
gravé par Coqueret.

Très belle épreuve avant la lettre.

VIGNETTES

410. Figures, vignettes et fleurons, d'après Eisen, Le Bar-
bier, Marillier, Moreau, Monnet, etc., pour illustrations de livres du dix-huitième siècle. Onze pièces.

Très belles et rares épreuves, à l'état d'eaux-fortes.

VOYEZ LE JEUNE (N.)

411. Jeune femme en buste, dans un médaillon posé sur un
cartouche en blanc ; elle tient ses deux mains sur sa
poitrine en retenant un foulard jeté sur ses épaules
nues, in-folio.

Très belle et rare épreuve avant toute lettre, seulement le nom du
graveur tracé à la pointe, au bas de la droite.

WATTEAU (d'après Ant.)

412. Le Concert champêtre, par B. Audran.

Très belle épreuve, avec une belle marge.

413. *Du bel âge où les jeux remplissent vos désirs*, par
J. Moyreau.

Superbe épreuve, toute marge.

414. Les Entretiens badins, par B. Audran.

Superbe épreuve, toute marge.

415. Harlequin jaloux, par Chedel.

Superbe épreuve, avec toute sa marge.

WILLE FILS (d'après P.-A.)

416. Le Bouton de rose. — La Curieuse. Deux pièces faisant
pendants, gravées par Voyez l'Aîné.

Très belles épreuves, toutes marges.

ÉCOLE FRANÇAISE DU XVIIIᴱ SIÈCLE

PIÈCES IMPRIMÉES EN COULEUR

ESTAMPES ET PORTRAITS

ALIBERT (A Paris, chez)

417. Beauté du Palais-Royal. — Le Devant. Deux charmants bustes de femmes, faisant pendants, médaillons de forme ovale en hauteur, in-8.

Très belles épreuves, toutes marges.

ALIX (P.-M.)

418. F.-M. *Arouet de Voltaire*. En buste dans une bordure ovale reposant sur un cartouche orné de figures allégoriques, d'après Garneray, in-folio.

Superbe épreuve, avec belle marge.

419. *Baptiste aîné*, en buste, dans son costume de la pièce de : *Robert, chef de brigands*. Au bas est la scène IX du quatrième acte de cette même pièce, in-folio.

Superbe épreuve du premier état, avec l'adresse de l'auteur seulement.

420. Le même portrait.

Superbe épreuve. Au-dessous de l'adresse de l'auteur, on lit aussi celle de Basset ; grande marge.

421. *P.-L. Dubus-Préville*, de la Comédie Française, en buste, dans une bordure ovale reposant sur un cartouche orné de médaillons le représentant dans trois de ses rôles, in-folio.

Superbe épreuve, grande marge.

ALIX (P.-M.)

422. Mademoiselle *Maillard*, du théâtre des Arts. En buste
dans une bordure ovale reposant sur un cartouche
orné d'un médaillon, avec Apollon jouant de la lyre,
d'après Garneray, in-folio.

Superbe épreuve, grande marge.

423. *Michu*, du théâtre de l'Opéra-Comique, en buste dans
une bordure ovale reposant sur un cartouche où, dans
deux médaillons ronds, sont représentées des scènes de
Blaise et Babet et de *Paul et Virginie*, in-folio.

Superbe épreuve, avec marge.

424. *Molière* (J.-B. Poquelin de), en buste, dans une bordure ovale reposant sur un cartouche, où est représentée la scène VII du quatrième acte de *Tartuffe*,
d'après Garneray, in-folio.

Très belle et rare épreuve, avant les mots : « Tartuffe, acte IV,
scène VII », au-dessous du sujet représenté sur le cartouche.

424 *bis*. Le même portrait.

Superbe épreuve, avec une petite marge.

425. Madame *Saint-Aubin*, du théâtre de l'Opéra-Comique,
en buste dans un médaillon, représentée en paysanne
dans : *Ambroise, ou voilà ma journée*. Sous le portrait, une petite scène tirée de la pièce, d'après Garneray, in-folio.

Superbe épreuve, avec grande marge.

426. *Bonaparte*, premier consul, d'après Appiani, 1802,
in-fol.

Superbe épreuve avant toute lettre, seulement le nom du graveur tracé
à la pointe au milieu du bas de l'ovale.

427. *Corday* (Charlotte), représentée en buste avec para-
vent derrière son dos, coiffée d'un bonnet blanc et un
fichu sur les épaules, croisé sur la poitrine, in-4.

Superbe épreuve avant toute lettre. Rare.

ANONYMES

428. L'Attention dangereuse, — La Bergère renversée.
Deux pièces de forme ovale, en largeur, faisant pendants.

Très belles épreuves avant toute lettre. Rares.

429. Jeune femme appuyée sur un lit, dans deux positions
différentes. Deux pièces de forme ronde, faisant pendants.

Superbes épreuves avant toute lettre et avec toutes leurs marges.
Très rares.

430. L'Optique. Sujet galant dans un médaillon ovale en largeur.

Très belle épreuve. Rare.

431. La Pièce curieuse. Sujet galant dans une bordure
ovale.

Très belle épreuve. Rare.

432. Le Marché conclu. Pièce ovale en largeur, imprimée à
la sanguine.

Très belle épreuve. Raré.

433. Un Incroyable, debout, près d'une table ronde, dans un
cabinet; composition de forme octogone, pour un
écran à main.

Très belle épreuve. Rare.

434. *Adrienne Lecouvreur*, dans le rôle de Cornélie, d'après
Coypel, in-fol.

Très belle épreuve avant toute lettre, marge.

435. *Desbrosses* (Mademoiselle), actrice de la Comédie-
Italienne, — *Carline* (Mademoiselle), — *Colombe*
(Mademoiselle Adeline), de la Comédie-Italienne, —
Dugazon (Madame), de la Comédie-Italienne. Quatre
petits portraits, en bustes, dans des médaillons de
forme ronde, in-8.

Très belles épreuves. Rares.

ANONYMES

436. *Contat* (Mademoiselle), de la Comédie-Française, —
Saint-Huberti (Madame), de l'Académie royale de
musique, — *Maillard* (Mademoiselle), de l'Académie
royale de musique, — *Dugazon* (Madame), de la
Comédie-Italienne. Suite de quatre portraits en bustes,
dans des médaillons ovales en hauteur, in-8.

Très belles épreuves, avec grandes marges.

437. *Molé* (François-René), comédien du roi, in-8 de forme
ovale.

Très belle épreuve, marge.

AUVRAY (ÉLIE)

438. Caroline de Lichtfield, représentée assise au pied d'un
arbre, 1788. A Paris, chez Augustin Legrand, in-
fol.

Très belle épreuve.

BARBIER (d'après)

439. Le Berger dangereux, par Jubier.

Très belle épreuve. Rare.

BAUDOUIN (d'après P.-A.)

440. Le Désir amoureux, par D. Mixelle (E. B., 19).

Superbe épreuve avant toute lettre et avant que les deux amants que
l'on aperçoit à gauche aient été remplacés par deux colombes. Très rare.

441. L'Agréable négligé, par Janinet (E. B., 28).

Superbe épreuve.

442. Le Rendez-Vous, gravé aux trois crayons, par L. Bonnet, en 1771 (E. B., 41).

Très belle épreuve.

443. La même estampe.

Superbe épreuve, sans marge, montée en dessin; l'impression plus
chargée de couleurs que la précédente, imitant le pastel.

BAUDOUIN ET **HUET** (d'après)

444. Le Déjeûner, — Le Goûter, — Le Dîner, — Le Souper. Suite de quatre pièces, faisant pendants, gravées par Bonnet.

> Superbes épreuves, très rares à trouver réunies et en aussi bel état de conservation.

BERNARD

445. Jeune fille en buste, de profil à gauche.

> Dessin à la plume; la figure et la poitrine très délicatement lavées de couleur; signé et daté : 1781.

BIREVENT

446. Vase et Corbeille, avec fleurs et fruits. Deux pièces faisant pendants, de forme ronde.

> Très belles épreuves. Rares.

BOILLY (d'après L.)

447. L'Amant favorisé, — La Comparaison des petits pieds. Deux pièces faisant pendants, très jolies réductions de forme ovale. A Paris, chez Fillon et Valmont.

> Superbes et rares épreuves, avec marges.

448. L'Amour couronné, par Cazenave.

> Très belle épreuve.

449. L'Optique, par Cazenave.

> Très belle épreuve.

BONNET (L.-M.)

450. *Du Barry* (Madame la comtesse), gravé en 1789, in-8.

> Très belle épreuve. Rare.

451. *Duval* (Mademoiselle), actrice, en buste, de profil à droite, in-4.

> Très belle épreuve avant les vers sur la tablette.

BONNET (L.-M.)

452. Portrait d'homme, en buste, de profil à gauche, in-4, fait pendant au numéro précédent.

Superbe épreuve avant les vers sur la tablette. Rare.

453. Le Premier pas à la fortune, d'après Du Bois de Sainte-Marie.

Superbe épreuve avant toutes lettres. Très rare.

454. Le Bain, — La Toilette. Deux très jolies pièces à costumes, faisant pendants, gravées d'après Jollain (654-655).

Superbes épreuves. Rares.

455. La Toilette en désordre, — Le Beau miroir. Deux pièces de forme ovale, faisant pendants (665-666).

Superbes épreuves. Très rares.

456. Le Flambeau de l'amour, — La Flèche de l'amour. Deux pièces en largeur, de forme ovale, faisant pendants.

Très belles épreuves ; la première est avant l'adresse de Bonnet et a une grande marge.

457. La Promesse de fidélité. A Paris, chez Bonnet (663). Pièce de forme ovale.

Très belle épreuve. Rare.

458. Le Goût, d'après Ch. Eisen.

Très belle épreuve.

459. Jeune fille en buste, avec guirlande de roses dans les cheveux, médaillon avec écoinçons garnis de feuillages et de fleurs, d'après Leclerc (229).

Très belle épreuve.

460. Jeune fille en buste, avec perles dans les cheveux, médaillon avec écoinçons ornés de feuillages et de fleurs, d'après Le Clerc (230).

Très belle épreuve.

BOREL (d'après A.)

461. La Bascule, par L'Éveillé.

Superbe et très rare épreuve avant le nom du graveur, marge.

462. Le Bourgeois maltraité, — Le Paysan mécontent. Deux
pièces faisant pendants, gravées par J.-B. Morret.

Superbes épreuves. Rares.

463. Les Engeoleurs. Cette composition est la même que
celle indiquée ci-dessus, sous le titre de : Le Paysan
mécontent, en contre-partie, sans nom de graveur.

Très belle épreuve en noir.

BOSIO (d'après D.)

464. La Bouillotte.

Très belle épreuve, marge.

BOUCHER (d'après F.)

465. Tête Flore (Portrait de Madame de Pompadour), gravé
par Bonnet, en imitation du pastel, d'après le dessin
de Boucher.

Superbe épreuve, avec marge. Rare.

466. Portrait de Mademoiselle Coypel, en grandeur nature,
gravé en imitation du pastel, par L. Bonnet (59).

Superbe épreuve, avec une petite marge. Rare.

467 Buste de jeune fille, les épaules nues, gravé en imitation du pastel, par L. Bonnet, 1787.

Très belle épreuve.

468. Buste de jeune fille, avec fleurs dans les cheveux, gravé
en imitation du pastel, par L. Bonnet.

Très belle épreuve.

469. *Favart* (Madame), dans le rôle de Ninette, représentée
debout, appuyée sur son rateau. Gravé aux trois
crayons, par Demarteau (470).

Très belle épreuve.

BOUCHER (d'après F.)

470. *Ninette*, autre portrait de Madame Favart, représentée
debout, portant son rateau sur l'épaule. Gravé à la
sanguine, par Demarteau (179), in-4.

    Belle épreuve.

471. Mercure instruisant l'amour, — Vénus enivrant l'amour.
Deux pièces faisant pendants, gravées par Madame
Dupont.

    Très belles épreuves. Rares.

472. Vénus assise sur un lit, tenant des fleurs dans une draperie. Gravé par Demarteau (45).

    Très rare épreuve de la planche non entièrement terminée, avant toutes
lettres, et avec le cuivre plus grand sur les côtés. Imprimée en sanguine,
plus une contre-épreuve du même état, en noir. Deux pièces.

473. La même estampe.

    Très belle épreuve de la planche terminée, et diminuée sur les côtés.
Imprimée en sanguine, avec grande marge, plus une épreuve imprimée
en noir. Deux pièces.

474. Nymphes et Amour sur des nuages. Dédié à Madame
Destouches, gravé aux trois crayons, par Demarteau
(347).

    Très belle épreuve.

475. Vénus couronnée par les amours, — Vénus désarmée
par les amours. Deux pièces faisant pendants, gravées
aux trois crayons, par Demarteau (378-379).

    Très belles épreuves.

476. Vénus et l'Amour, — Vénus sortant du bain. Deux
pièces de forme ovale, faisant pendants, gravées aux
trois crayons, par Demarteau (488-489).

    Très belles épreuves.

477. La Promenade en chariot. Gravé aux trois crayons,
par Demarteau (503).

    Belle épreuve.

BOUCHER ((d'après F.)

478. Nymphes au bain, — La Leçon de flûte. Deux jolies
    pièces, faisant pendants, gravées aux trois crayons, par
    Demarteau (550-551).

> Superbes épreuves, avec marges.

479. Vénus couchée, — Vénus sur un dauphin. Deux pièces
    faisant pendants, gravées aux trois crayons, par De-
    marteau (552-553),

> Très belles épreuves.

480. La Toilette de Vénus, par Demarteau (575).

> Très belle épreuve.

BOUCHER ET HUET (d'après)

481. Léda entrant au bain, — Deux femmes nues, assises
    dans un char, sur des nuages; devant elles, deux
    amours. Deux pièces faisant pendants, gravées par
    J.-A. L'Éveillé et publiées par Demarteau (607 et
    608).

> Superbes épreuves, avec belles marges. Rares.

BOURGEOIS DE LA RICHARDIÈRE

482. Sophie *Arnould*, actrice de l'Académie royale de mu-
    sique, dans le rôle de Zyrphé, du ballet de *Zelendor*,
    d'après de la Tour, in-8.

> Superbe épreuve, toute marge.

BRETON (A Paris, chez Mme)

483. Le Matin, — Le Midy, — Le Soir. — La Nuit. Suite de
    quatre pièces de forme ovale, avec écoinçons om-
    brés.

> Très belles épreuves, toutes marges.

CAMPIONS FRÈRES (A Paris, chez)

100

484. Le Bouquet tentatif, — Je serai sage. Deux médaillons sujets galants, imprimés sur une même feuille. Au bas de chaque, les lettres M. L. S. C. de C., sculp., initiales de l'artiste et la date de 1786.

Très belle épreuve. Rare.

720

485. Vues pittoresques des principaux édifices de Paris. Suite complète de 110 pièces, de forme ronde, plus le titre, et 4 compositions différentes, sous les numéros 5 et 6, en tout, 113 pièces. A Paris, chez les Campions frères et fils, rue Saint-Jacques, à la ville de Rouen.

Toutes ces pièces sont gravées en couleur par le Campion, Guyot Roger, Mlle Guyot, d'après Testard, Sergent et Pernet.

Superbes épreuves; la dernière pièce portant le n° 110, et représentant l'Hôtel de Ville, est avant toutes lettres. Cette suite, très rare à trouver complète, est en très bel état de conservation; en portefeuille.

CARESME (d'près P.)

45

486. L'Agréable exemple, — L'Agréable surprise. Deux pièces faisant pendants, gravées par Jubier.

Très belles épreuves.

CHALLIOU (A Paris, chez)

160

487. Le Billet rendu, — L'Amant pressant. Deux pièces de forme ronde, faisant pendants.

Superbes épreuves, toutes marges.

80

488. L'Amant pressant.

Très belle et rare épreuve imprimée en bistre, avant toutes lettres. Marge.

120

489. La Curieuse aperçue, — Le Moment dangereux. Deux pièces de forme ronde, faisant pendants.

Superbes épreuves, grandes marges. Très rares.

CHALLIOU (A Paris, chez)

490. La Fille engageante, — L'Instant passé. Deux pièces faisant pendants, de forme ronde.

Superbes épreuves, toutes marges.

491. L'Instant passé.

Très belle épreuve, imprimée en sanguine, toute marge.

492. La Douce Julie, — La Charmante Victoire, — La Belle Emilie, — La Jeune Agathe. Suite de quatre jolis portraits de femmes, médaillons de forme ovale, en hauteur, in-4.

Superbes épreuves, toutes marges. Rares.

CHALLE (d'après M.-A.)

493. L'Amant surpris, — Les Espiègles. Deux pièces faisant pendants, gravées par Descourtis.

Superbes épreuves.

494. Chu-u-u. Pièce en largeur, de forme ovale, gravée par De Gouy, d'après l'estampe de Chaponnier, intitulée : *The officious waiting woman,*.

Très belle épreuve.

495. Le Panier renversé, par L. Buisson.

Très belle et rare épreuve, avant toutes lettres, marge.

496. Le Retour de vendange, par L. Buisson.

Très belle et rare épreuve avant toutes lettres, marges.

497. Le Portrait Chéry, par Bonnet (851).

Superbe épreuve. Rare.

498. Quand l'Hymen dort, l'Amour veille, gravé par Maucler.

Superbe épreuve.

CHALLE (d'après M.-A.

499. Le Souvenir agréable, par Vidal, imprimé en bistre.

Très belle épreuve. Rare.

CHALLE et HUET (d'après)

500. La Belle toilette, — La Belle cachette. Deux pièces faisant pendants, gravées par Bonnet.

Superbes épreuves avant les noms des artistes. La seconde est aussi avant la draperie terminée et avant le numéro du catalogue de Bonnet. Rares.

CHAPUY (J.-B.)

501. Coiffures et sujets galants, d'après Brion. Six médaillons imprimés sur une même feuille. A Paris, chez les Campions.

Très belle épreuve.

502. Portraits des personnages ayant figuré dans le procès du Collier; ils sont représentés en bustes dans des médaillons ovales, reposant sur des cartouches où sont représentées des scènes de cette affaire célèbre; ci-après les noms :

Rohan (le cardinal de). — *La Motte* (le comte de). — *La Motte* (la comtesse de). — *Cagliostro* (le comte de). — *Cagliostro* (la comtesse de). — *Le Guet d'Oliva* (Mademoiselle). — *Mella de Courville Sulbark* (Madame). — De Bette *De Tienville.* — La Femme de chambre de Madame de La Motte. — *Retaut de Villette* (Monsieur). — *De La Tour* (Mademoiselle). Suite de onze portraits in-4.

Superbes épreuves, avec grandes marges. Très rares.

CHÉREAU et JOUBERT (A Paris, chez)

503. L'Amusement utile. Dédié à Madame Daubigny.

Jolie pièce, de forme ovale, représentant une jeune femme assise dans un parc, coiffée d'un chapeau à larges bords et lisant.

Superbe épreuve. Rare.

CHEVAUX (d'après)

504. Les Deux Sœurs. — Les Deux amies. Deux pièces faisant pendants, gravées par Motey et publiées chez Bonnet.

> Superbes épreuves. Rares.

505. Les Deux sœurs, par Motey.

> Superbe et très rare épreuve, avant toute lettre et avant le numéro du catalogue de Bonnet.

506. Le Secours urgent. — Le Traître découvert. Deux pièces faisant pendants, publiées chez Bonnet, sans nom de graveur.

> Très belles épreuves. Rares.

507. La Savonneuse. — La Souricière. Deux pièces faisant pendants, gravées par Motey et publiées chez Bonnet.

> Superbes épreuves. Très rares.

508. La Bourgeoise économe. — La Cuisinière rusée. Deux pièces faisant pendants, gravées par Girard et publiées chez Bonnet.

> Très belles épreuves. Rares.

509. Le Bon accord. — La Bonne ruse. Deux pièces faisant pendants, gravées sous la direction de Bonnet et publiées par lui.

> Très belles épreuves.

510. L'Entreprenant. — Le Joli nid. Deux pièces faisant pendants, gravées, l'une par Mademoiselle Legrand et l'autre, sous la direction de Bonnet.

> Très belles épreuves.

CIPRIANI (d'après)

511. Ne dérangez pas le monde..., gravé par Bartolonii.

> Très belle épreuve, grande marge.

CIVIL (A Paris, chez)

512. La Chercheuse de puces, pièce de forme ronde.

> Très belle épreuve, marge.

COCHIN (d'après Ch.-N.)

513. Décoration du bal masqué donné par le Roy, dans la grande galerie du château de Versailles, à l'occasion du mariage de Louis Dauphin de France, avec Marie Thérèse, infante d'Espagne, la nuit du xv au xvi février 1745, gravé par Cochin père.

Epreuve coloriée.

COLINET

514. *Boufflers* (la comtesse Amélie de), représentée assise au pied d'un arbre sur le tronc duquel on lit : Caroline, in-fol.

Très belle épreuve, marge.

COSTUMES

515. GALERIE DES MODES ET COSTUMES FRANÇAIS. Ouvrage commencé en l'année 1778, dessiné d'après nature par Leclerc, Desrais, Martin, Simonet, Watteau et De Saint-Aubin, gravé par Dupin, Voysard, Patas, Leroy, Pelicier, Baquoy et Lebeau, et coloré avec le plus grand soin par Madame Lebeau. A Paris, chez les sieurs Esnauts et Rapilly. 2 vol. in-fol., veau marbré, fil.

Cet exemplaire est ainsi composé : 1er vol., frontispice, introduction (4 pages); texte explicatif (40 pages), 96 planches; privilège (1 page). Tome II : titre avec la date de 1781 et avertissement (4 pages); texte explicatif (48 pages), 96 planches, 192 planches dans les deux volumes, coloriées, représentant 144 coiffures et 156 figures de costumes de modes de l'époque. Dans le tome Ier on remarque Louis XVI, la reine Marie-Antoinette, le comte et la comtesse de Provence, la comtesse d'Artois en grand habit de Cour, le comte d'Artois en colonel de Dragons (régiment d'Artois), etc.

Superbe exemplaire de ce recueil d'une extrème rareté. Le texte est resté presque inconnu jusqu'ici, ainsi que le titre du tome second.

COSTUMES ET COIFFURES

516. AMONYME. Coiffures. Neuf sujets sur une même feuille, fin du XVIIIe siècle.

Très belle épreuve. Rare.

517. ANONYME A.-B. et JOLY. Cris de Paris. Suite de 61 pièces numérotées de 1 à 61, en couleur.

Cette suite porte le titre de *Cris de Paris* et la signature A.-B., jusqu'au n° 56, à Paris, chez Petit et chez Martinet. Le n° 57 porte un nouveau titre : Arts, métiers et cris de Paris, par Joly et l'adresse de Martinet seul. Le n° 41 représente la boutique de Petit, avec l'enseigne : *Au grand Raphael.* Le n° 59, M. Plaisir, célèbre coiffeur de la rue Richelieu.

Superbes épreuves. Très rares.

518. CHAPUY (J.-B.). Trois bustes de jeunes femmes, avec grandes coiffures, dans des médaillons ovales in-4. 1° Coeffure et gaze à l'amour; 2° Coeffure et gaze à la Harpie; 3° Coeffure à la Panurge, Pièces faites pour Nénot, coeffeur pour dames et auteur de ces coeffures.

Très belles épreuves. Très rares.

519. CHAPUY (J.-B.). Coeffure à la Thévenet. — Coeffure à la Molé. — Coeffure à la Jeannette. — Coeffure à l'Extrême. — Coeffure à la Malboroug. — Coeffure sans espoir. Suite de six pièces coloriées, se trouvent à Paris, chez Depain, coeffeur de dames et auteur de ces coeffures.

Très belles épreuves. Rares.

520. CHAPUY (J.-B.). Coeffure aux charmes de la liberté. — Coeffure sans redoute. — Coeffure à l'espoir. — Coeffure à la nation. — Suite de quatre jolies pièces coloriées, se trouvent à Paris, chez Depain, coeffeur de dames et auteur de ces coeffures.

Très belles épreuves, avec marges. Rares.

COSTUMES ET COIFFURES

521. CHAPUY (J.-B.). Coeffure à l'espérance. — Coeffure
à la galanterie. — Coeffure à la beauté. — Coeffure à
l'indienne. — Coeffure à la royale. Suite de cinq
pièces coloriées.
Très belles épreuves. Rares.

522. DESRAIS ET LECLERC (d'après). Galerie des modes
et costumes français. Ouvrage commencé en l'année 1778. Dix pièces de cette suite, portant les nᵒˢ 37,
43, 49, 69, 85, 115, 169, 174, 177 et 187.
Très belles épreuves.

523. DESRAIS (d'après C.-L.). Suite de nouvelles modes
françaises depuis 1778 jusqu'à ce jour, dessinées d'a-
près nature par C.-L. Desrais. A Paris, chez la veuve
Avaulez (costumes de femmes). Suite de huit pièces,
sans titre, en noir.
Superbes épreuves, avec grandes marges.

524. La même suite, en huit pièces y compris le titre.
Superbes et rares épreuves, avant la lettre, en noir.

525. DESRAIS (d'après C.-L.). Suite de nouvelles modes
françaises depuis 1778 jusqu'à ce jour, dessinées
d'après nature par C.-L. Desrais. A Paris, chez la
veuve Avaulez (costumes d'hommes). Suite de huit
pièces en noir.
Très belles épreuves, toutes marges.

526. Sept pièces de la même suite.
Très belles et rares épreuves, avant la lettre, en noir.

527. DESRAIS (d'après C.-L.). Costumes à deux personnages à chaque sujet, réduction des costumes de Desrais, pour almanachs de poche. 42 sujets imprimés
sur 19 feuilles. 24 de ces compositions sont à l'état
d'eau-forte.
Très belles épreuves, en noir. Rares.

COSTUMES ET COIFFURES

528. DESRAIS (d'après C.-L.). Dix petites figures, sujets galants, pour un almanach de 1780.

Belles épreuves, dont trois à l'eau-forte, en noir.

529. ESNAULT ET RAPILLY (chez). Coiffures. Seize sujets sur une même feuille, peut-être d'après Desrais.

Très belle épreuve, avec marge.

530. ESNAULT ET RAPILLY (à Paris chez). Calendrier pour l'année 1789, en douze compartiments sur deux feuilles; en haut de chaque compartiment, des petits sujets galants se rapportant un peu aux occupations de chaque mois.

Très belles épreuves, coloriées.

531. HUET (d'après J.-B.). Étude pour les demoiselles. Douze pièces d'une très jolie suite de costumes publiés en 1788, par Bonnet et gravés à la sanguine, par Guber, in-4.

Très belles épreuves. Rares.

532. JANINET (F.) DIREXIT. Bustes de jeunes femmes, dans des médaillons de forme ronde, fixés sur des bordures bleues imitant les montures de dessins. 19 pièces gravées sous la direction de Janinet, par l'Éveillé et autres.

Superbes épreuves. Très rares.

533. QUEVERDO (d'après). Calendrier pour l'année 1789, en deux feuilles, avec trois sujets en tête sur chaque feuille, représentant les occupations de chaque saison.

Très belles épreuves, en noir.

534. QUEVERDO ET DESRAIS (d'après). Costumes et sujets galants pour almanachs de poche. 25 sujets imprimés sur douze feuilles, en noir.

Très rares épreuves, avant la lettre, ou à l'eau-forte.

COSTUMES ET COIFFURES

535. R. D. (dessiné et gravé par). Nouveau recueil de coeffures des plus à la mode, faites par Nénot, coeffeur de dames. Six jolis bustes de jeunes femmes dans des médaillons, sur la même feuille, petit in-fol. en noir.

Très belle épreuve.

536. Nouveau recueil de costumes et coeffures des plus à la mode, faites par Nénot, coeffeur de dames. Deux jolies petites pièces sur la même feuille, in-8, en travers.

Très belle épreuve.

537. VERNET (d'après H.). Incroyables et Merveilleuses. Suite de trente-deux pièces numérotées, gravées par Gatine.

Superbes épreuves, en grande partie avec toutes leurs marges. Suite très rare à trouver complète.

538. VERNET (d'après Horace). Modes de Paris. Suite de douze petites pièces in-8, gravées par Gatine, charmants costumes de jeunes femmes de l'époque de l'Empire.

Superbes épreuves, avec marges. Rares.

539. VERNET (d'après H.). Le Matin. — Le Midi. — Le Soir. — La Toilette. — Anglaise à la promenade. Petites scènes à deux personnages, gravées par Gatine. Suite de cinq pièces.

Très belles épreuves.

540. LA BELLE ASSEMBLÉE. Suite de costumes anglais en couleur, des années 1809 à 1816. 134 pièces.

Très belles épreuves. Rares.

541. GALLERY OF FASHION. 1794-1795. Cinquante planches avec texte. Deux tomes en 1 vol. in-4, cart. figures en couleur.

COUTELLIER (F.)

542. *Contal* (Mademoiselle), de la Comédie française, dans le rôle de Suzanne, *Mariage de Figaro*, in-4.

> Superbe et très rare épreuve avant : *Dans le rôle de Susane. Mariage de Figaro*, en une ligne au-dessous du titre et avant l'adresse de Coutellier.

543. Le même portrait.

> Superbe épreuve, toute marge.

544. *Olivier* (Mademoiselle), de la Comédie française, dans le rôle de Cherubin, *Mariage de Figaro*, in-4.

> Superbe et rare épreuve du premier état, avec l'adresse de Coutellier, avec une belle marge.

545. Le même portrait.

> Superbe épreuve, avec une grande marge.

546. *Maillard* (Mademoiselle), de l'Académie royale de musique, in-8.

> Superbe épreuve, avec toute sa marge.

547. Du T... (Duthé) (Mademoiselle), vue de face, en buste, avec guirlande de roses en bandoulière, in-4 de forme ovale.

> Très belle épreuve. Rare.

548. *Bertinazzi* (Carlin), reçu à la Comédie italienne en 1741.

> Très belle épreuve du 1er état, le médaillon découpé et monté en dessin sur un papier bleu, ainsi que le titre, et avec l'adresse de Coutellier.

549. Le même portrait.

> Épreuve d'essai, la monture est imprimée autour de l'ovale et les vers sont en caractères différents de l'épreuve précédente.

550. Le même portrait.

> Très belle épreuve du 2e état, avec l'adresse de Moud'hare et les vers imprimés sur deux colonnes. Grande marge.

COUTELLIER (F.)

551. *Colombe* (Mademoiselle) l'aînée, reçue à la Comédie italienne, en 1773.

> Très belle épreuve du 1er état, avec les mêmes remarques qu'au n° 548.

552. Le même portrait.

> Très belle épreuve du 2e état, avec les mêmes remarques qu'au n° 550. Grande marge.

553. *Dugazon* (Madame), reçue à la Comédie italienne en 1776.

> Très belle épreuve du 1er état, avec les mêmes remarques qu'au n° 548.

554. Le même portrait.

> Très belle épreuve du 2e état, avec les mêmes remarques qu'au n° 550. Grande marge.

555. *Julien* (Madame), reçue à la Comédie italienne en 1781.

> Très belle épreuve du 1er état, mêmes remarques qu'au n° 548.

556. Le même portrait.

> Très belle épreuve du 2e état, mêmes remarques qu'au n° 550. Grande marge.

557. *Menier* (Joseph), reçu à la Comédie italienne en 1776.

> Très belle épreuve du 1er état, mêmes remarques qu'au n° 548.

558. Le même portrait.

> Très belle épreuve du 2e état, mêmes remarques qu'au n° 550. Grande marge.

559. *Michu*, de la Comédie italienne, en 1775, in-4.

> Très belle épreuve du 1er état, mêmes remarques qu'au n° 548.

560. Le même portrait.

> Très belle épreuve du 2e état, mêmes remarques qu'au n° 550. Grande marge.

CUNÉGO (D.)

561. *Friedericke-Charlotte*, princesse de Prusse, in-fol. en
pied, d'après C. Cunigham, 1787.

Très belle épreuve. Rare.

DAVESNE (d'après)

562. Les Cerises, — les Prunes. Deux pièces faisant pendants, gravées par Vidal.

Très belles épreuves.

563. Les Prunes.

Cette pièce gravée au burin est la même composition que
celle indiquée ci-dessus ; le sujet de forme ovale est ren-
fermé dans un encadrement orné de guirlandes de fleurs ;
en bas, une tablette avec médaillon, comme armoiries,
au milieu duquel est l'Amour couché, endormi.

Très rare épreuve, non entièrement terminée, avant toutes lettres.

DEBUCOURT (P.-L.)

564. Le Menuet de la mariée, 1785, — la Noce au château,
1789. Deux pièces faisant pendants.

Très belles épreuves.

565. L'Escalade, ou les Adieux du matin, 1787.

Magnifique épreuve, avant toutes lettres ; seulement le nom de l'artiste
tracé à la pointe, au bas de la gauche ; belle marge. De la plus grande
rareté.

566. Heur et Malheur, ou la cruche cassée, 1787.

Magnifique épreuve, du même état (comme tirage et conservation) que
la précédente, dont elle fait le pendant.

567. Les deux baisers, 1786.

Magnifique épreuve. Rare.

568. Promenade de la galerie du Palais-Royal, 1787.

Superbe et rare épreuve avant les numéros sur les boutiques, sauf sur
celle de gauche. Elle est rognée à la bordure et très habilement réem-
margée.

DEBUCOURT (P.-L.)

569. Promenade du jardin du Palais-Royal, 1787.

> Magnifique épreuve, d'une grande fraîcheur, avec marge. Très rare de cette qualité.

570. La même composition. Petite réduction gravée à la manière du lavis et imprimée en bistre.

> Très belle épreuve. Rare.

571. L'Oiseau ranimé, 1787.

> Superbe et première épreuve où la jeune femme, qui tient l'oiseau, a les seins découverts. Cette pièce, une des plus jolies de Debucourt, est de la plus grande rareté.

572. Les Bouquets ou la fête de la Grand-Maman, — les Compliments ou la matinée du jour de l'an. Deux pièces faisant pendants, 1788.

> Superbes épreuves, avec marges.

573. La Main, — la Rose, 1788. Deux pièces faisant pendants.

> Superbes épreuves, d'une grande fraîcheur. Très rares.

574. Annette et Lubin, 1789.

> Superbe épreuve avant la lettre.

575. L'Oiseau privé.

> Très belle épreuve, imprimée en noir. Marge.

576. Lise poursuivie, — le Songe réalisé. Deux pièces faisant pendants.

> Superbes épreuves avec le nom et l'adresse de Debucourt, tracés à la pointe ; imprimées en noir. Rares.

577. Almanach national, 1791, dédié aux Amis de la Constitution.

> Superbe épreuve du premier tirage, avec le portrait de Louis XVI au milieu de l'encadrement. Marge.

DEBUCOURT (P.-L.)

578. La rose mal défendue, 1791.

Superbe épreuve. Très rare à rencontrer imprimée en couleur.

579. La même estampe.

Superbe épreuve du 1er état avant la retouche. La ligne au-dessous du titre : Dessiné et gravé..... très légèrement tracée à la pointe, imprmée en noir. Marge.

580. La même estampe.

Très belle épreuve, habillement retouché par l'artiste, l'inscription au-dessous du titre est reprise au pointillé. Elle est aussi imprimée en noir, et a une grande marge.

581. La rose mal défendue, par Bonemain.

Superbe épreuve, avec toute sa marge, imprimée en noir. L'empreinte de la planche est couverte de traits de pointe et de salissures de burin. Très rare de cette qualité.

582. La promenade publique, 1792.

Magnifique épreuve, avant toutes lettres, c'est-à-dire avant les mots : *Peint et gravé par Debucourt...* sous le trait carré à gauche et avant les initiales et la date 92, dans le bas de la gravure à droite. Elle est de la plus grande fraîcheur et a une grande marge. Les épreuves avant la lettre, connues jusqu'à ce jour, portent toutes les inscriptions indiquées plus haut.

583. La Croisée.

Très belle épreuve.

584. Minet aux aguets.

Superbe épreuve, avant la lettre (lettres tracées), imprimée en noir.

585. La même estampe.

Superbe épreuve, avec une très grande marge.

586. Il est pris.

Très belle et rare épreuve du premier tirage, avant la suppression du poisson que la jeune femme tient dans sa main gauche. Très grande marge.

DEBUCOURT (P.-L.)

587. Vent devant, — Vent derrière. Deux pièces faisant pendants ; la seconde est gravée par Debucourt, d'après Mendoze.

Superbes épreuves, toutes marges.

588. La Bénédiction paternelle ou le Départ de la mariée, 1795.

Très belle épreuve avant la lettre.

589. Modes et manières du jour. Suite de cinquante-deux pièces, dont nous n'avons que trente cinq, 1798-1808, (manquent les numéros 19, 29, 31, 32, 33, 34, 35, 37, 38, 39, 42, 45, 46, 48, 49, 50 et 52), le numéro 9 est double de couleur différente.

Très belles épreuves, dont vingt et une à toutes marges.

590. Que vas-tu faire ? — Qu'as-tu fait ? Deux pièces faisant pendants.

Superbes épreuves, avec belles marges.

591. Leçon d'équitation.

Superbe épreuve, avant toutes lettres, imprimée en noir.

592. Ils sont heureux. Famille réunie dans un jardin, le grand-père tient le petit enfant à cheval sur sa jambe.

Superbe et rare épreuve, avant toutes lettres, marge.

593. Les courses du matin ou la porte d'un riche, 1805.

Superbe épreuve.

594. Jeune femme assise sur une chaise, dans un jardin.

Superbe épreuve, avant toutes lettres, avec marge. Très rare.

595. Le Coeffeur.

Superbe épreuve, imprimée en noir, toute marge.

DEBUCOURT (P.-L.)

596. La même estampe.

Très belle épreuve, grande marge.

597. Le Tailleur.

Superbe épreuve, imprimée en noir, toute marge.

598. Le baiser à propos de bottes.

Superbe épreuve, imprimée en noir, toute marge.

599. Portrait de Monsieur le marquis de la Fayette, commandant général de la garde nationale de Paris, 1790.

Très belle et rare épreuve, avec le titre et les inscriptions tracées à la pointe, imprimée en noir.

600. Portrait de Monsieur le marquis de la Fayette, commandant général de la garde nationale de Paris, 1790.

Très belle et rare épreuve, avec le titre et les inscriptions tracées à la pointe.

601. Portrait d'*Alexandre I*er, empereur de Russie, 1807, en pied.

Très belle épreuve.

602. Portrait de Louis XVIIIe, roi de France, à mi-corps, d'après Isabey.

Très belle et rare épreuve avant toute lettre, imprimée en noir; marge.

603. *Chenard*, acteur, médaillon in-4 de forme ovale.

Très belle épreuve avant toute lettre, grande marge.

604. *Saint-Aubin* (Madame), du théâtre de l'Opéra-Comique, in-4.

Très belle épreuve avant la dédicace. Rare.

605. Calèche se rendant au rendez-vous de chasse, d'après C. Vernet.

Superbe épreuve, encadrée.

DEBUCOURT (P.-L)

606. COLLECTION DE COSTUMES, dessinés d'après nature par C. Vernet, et gravés par Debucourt, ouvrage publié en livraisons chacune de six gravures coloriées. Paris, chez Bance... et Londres, chez Bossange et Masson. 1 vol. in-fol. cart. non rogné.

Ce livre est ainsi composé : Une feuille, chemise des première et deuxième livraisons, servant de titre, en français et en anglais. Première livraison, année 1814. Un feuille de texte français, une feuille le même texte en anglais et les planches suivantes : *Promenade anglaise, — Anglais en habit habillé, Marche d'officiers anglais, — Rencontre d'officiers anglais, — Adieux d'un Russe à une Parisienne, — le Cosaque galant.*

Deuxième livraison, année 1815. Deux feuilles de texte, français et anglais, planches : *Officiers anglais et écossais, — Officiers prussiens, — Tambour russe et anglais, — Militaires de la garde Impériale russe et allemande, — Militaires écossais, — Famille écossaise.*

Troisième livraison, année 1816. Deux feuilles de texte, français et anglais, planches : *Grénadier et tambour de la garde nationale parisienne, — Tambour-Major et Sapeur de la garde nationale parisienne, — Officier et grenadier de la garde royale française, — Militaires anglais, — Cosaques au bivac, — le Coup de vent.*

Quatrième livraison. Deux feuilles de texte, français et anglais, planches : *Garde national à cheval, — Mameluck, — Houssard français, — Cosaque régulier de la garde, — Officier de dragons danois; — Artilleur anglais.*

DEBUCOURT (P.-L.)

Cinquième livraison, année 1817. Deux feuilles de texte, français et anglais, planches : *Dragon et lancier de la garde royale française, — la Marchande d'eau-de-vie, — la Marchande de coco, — Artilleur et chasseur anglais, — la Marchande de saucisses, — la Marchande de cerises.*

Sixième livraison, année 1818. Deux feuilles de texte, français et anglais, planches : *Mameluck porte-étendard, - le Kalmuck, — Houssard anglais, — la Toilette d'un clerc de procureur, — Course anglaise, — le Courrier anglais.*

Septième livraison, année 1818. Deux feuilles de texte, français et anglais, planches : *Cuirassier français, — Cuirassier prussien, — Houssard autrichien, — Uhlan prussien, — Chasseur à cheval de la garde royale, — les Anglais à Paris.*

Outre les quarante-deux pièces indiquées dans les sept livraisons précédentes, se trouvent dans le même volume, mais sans feuilles de texte, les huit pièces suivantes : *le Jour de barbe d'un charbonnier, — Passez, payez, — Cosaque irrégulier portant des dépêches, — la Marchande de poissons, — Inutile précaution, — Chacun son tour, — Rempailleur de chaises, — le Chiffonnier.* En tout cinquante pièces.

Ce livre, ainsi composé de gravures et texte, est de la plus grande rareté.

607. Costumes polonais, 1817, d'après Norblin, suite de trente-cinq pièces en couleur, dont sept avant la lettre.

Très belles épreuves, toutes marges.

DEBUCOURT (d'après P.-L.)

608. Humanité et bienfaisance du Roi, par Guyot, 1787.

Superbe épreuve, toute marge.

609. Le Juge, ou la cruche cassée, par J.-J. le Veau.

Très belle épreuve avant la dédicace et avant toute adresse ; imprimée en noir.

DE GOUY (A.-M.)

610. L'Amant favorisé, jolie pièce de forme ronde, gravée en réduction, d'après Boilly.

Très belle épreuve.

611. Coucou. Jolie pièce de forme ronde, gravée en réduction d'après Boilly.

Très belle épreuve, avec marge.

DE MACHY (d'après P.-A.)

612. Vue du port Saint-Paul, prise au bas du parapet, gravé par Descourtis.

Superbe épreuve, marge.

613. Vue de la porte Saint-Bernard, prise venant de l'hôpital, gravé par Descourtis.

Superbe épreuve, marge.

614. Vues des environs de Rome. Deux pièces de forme ronde, faisant pendants, gravées par Descourtis.

Très belles épreuves, marges.

DENY (A Paris, chez)

615. Coiffures et sujets galants. Huit médaillons imprimés sur une même feuille.

Très belle épreuve, grande marge.

DENY (A Paris, chez)

616. Le Départ pour la chasse. — Le Danger des bosquets. Deux pièces faisant pendants; une est coloriée, et l'autre en noir.

Très belles épreuves.

617. Le Lacet raccourci. — La Trahison du miroir. Deux pièces faisant pendants.

Très belles épreuves; une est coloriée et l'autre est en noir.

DESCOURTIS (Ch.-M.)

618. F.-L. *Wilhelmine* de Prusse, princesse héréditaire d'Orange et Nassau... 1791, d'après Hentzi.

Très belle épreuve, avec marge. Rare.

619. Friderica-Louise-Wilhelmine, princesse de Prusse, in-folio de forme ovale.

Superbe épreuve avant toute lettre, imprimée en noir; marge.

620. Le même personnage, d'après le même tableau, gravé par Klauber, de format in-4.

Très belle épreuve, marge.

DESRAIS (d'après C.-L.)

621. Le Contrôleur des toilettes, par Mixelle.

Superbe épreuve d'une charmante pièce. Très rare.

622. La Femme trompée, par Mixelle.

Superbe épreuve. Très rare.

623. La Femme vengée.

Cette pièce, qui semble faire pendant à la précédente, est gravée au trait et coloriée, et sans aucune lettre.

Superbe épreuve. Rare.

624. Le Mari complaisant. — Le Mari galant. Deux pièces faisant pendants, gravées par Mixelle et publiées chez Bonnet (649 et 650).

Très belles épreuves. Rares.

625. Les Nouveaux Époux, par Mixelle. Entre la lettre et la bordure les lettres A. P. D. R.

Superbe épreuve d'une pièce très rare.

626. La Pudeur alarmée, par Mixelle. Pièce publiée à Londres par Vivarès.

Superbe épreuve, avec marge. Très rare.

DESRAIS (d'après C.-L.)

627. Le Signal du bonheur, par Mixelle. Pièce en hauteur, de forme ovale.

Très belle épreuve. Rare.

DOUBLET (d'après)

628. Ariette de *Rosette et Colas*, acte V. Très jolie pièce de forme ovale, gravée à la sanguine, par J.-N. Boillet.

Superbe épreuve, avec toute sa marge.

629. Quatuor de *Lucile*, acte Ier. Charmante pièce de forme ovale, gravée par J.-N. Boillet; fait pendant à la précédente, mais est imprimée en noir.

Superbe épreuve, marge.

DROLLING (d'après)

630. Le Chapeau, gravé par Perdriau.

Très belle épreuve.

DUTAILLY (d'après)

631. La Promenade du matin, par Chaponnier.

Très belle épreuve, grande marge.

FRAGONARD (d'après)

180 632. Ma chemise brûle! par L. D'furcy (Legrand).

> Très rare épreuve du premier état, avant l'inscription sur le cartouche, et au dessus la date du 1er novembre 1788. Avec l'adresse de Bonnet.

633. La même estampe.

160
> Très belle épreuve, avec l'inscription et les tailles sur le cartouche; au-dessus, on lit la date de : le 1er janvier 1789; le nom de Augustin Legrand substitué à celui de L.-D. Furcy: l'adresse de Bonnet est effacée; on lit à gauche le nom de l'imprimeur, et à droite l'adresse du graveur (Legrand).

634. L'Agréable illusion. — Le Réveil. Deux pièces faisant pendants, de forme ovale, gravées par Mixelle.

130
> Très belles épreuves; la seconde est sans marge. Rares.

635. La Famille du fermier. — Schiek Ibrahim donne un festin à Noureddin et à la belle Persane, dans le palais des Plaisirs. Deux pièces faisant pendants, in-4 ovale en largeur.

57
> Très belles épreuves avant toute lettre; la seconde n'est pas d'après Fragonard; l'auteur est inconnu.

FREUDEBERG (d'après S.)

636. La Leçon de clavecin. — La Leçon de guitare. Deux charmantes compositions, des plus intéressantes, comme costumes et intérieurs; faisant pendants.

310
> Très belles épreuves, d'une grande rareté.

GREUZE (d'après J.-B.)

637. La Baiser envoyé. Pièce de forme ovale en largeur, imprimée en bistre.

75
> Superbe épreuve avant toute lettre, marge.

GUYOT (L.)

638. Le Colin-maillard. — Le Concert. Deux pièces faisant pendants, de forme ovale en largeur, d'après Dutailly.

110
> Superbes épreuves. Rares.

GUYOT (L.)

639 Le Bon Exemple, d'après Choffart. — Le Doux Sommeil, d'après Moreau le Jeune. Deux petites pièces de forme ronde, imprimées sur une même feuille.

Superbes épreuves. Très rares. Ces deux petites pièces, dessinées par L. Guyot, d'après Moreau et Choffart, sont gravées par Campion.

640. Première attaque de la Bastille, le 14 juillet 1789, d'après Cornu. A Paris, chez Guyot. — Deuxième vue de la Bastille, prise derrière les fossés du faubourg Saint-Antoine... d'après Pernet. A Paris, chez Le Campion. Deux pièces, de forme ovale en largeur.

Très belles épreuves.

641. *J.-J. Rousseau*, représenté se promenant dans le parc d'Ermenonville et herborisant, in-4.

Très belle épreuve. Rare.

HOFFMANN

642. M. de *La Fayette*, commandant général de la garde nationale parisienne, représenté en pied à la tête de son régiment, 1790.

Très belle épreuve. Rare.

HUET (d'après J.-B.)

643. L'Amant écouté. — L'Éventail cassé. Deux pièces faisant pendants, gravées par Bonnet.

Superbes épreuves avant toute lettre. Rares.

644. Les mêmes estampes.

Très belles et rares épreuves, imprimées en bistre, légèrement teintées de couleur.

645. The Balance. — The Sump. Deux pièces faisant pendants, gravées par Bonnet, et publiées par Vivarès. A Londres, en 1787.

Superbes et rares épreuves avant les numéros, toutes marges.

HUET (d'après J.-B.)

646. La Clochette, conte de La Fontaine, par Bonnet, in-4.
Très belle épreuve. Rare.

647. Joconde, conte de La Fontaine, gravé par Bonnet.
in-4 (762).
Très belle épreuve. Rare.

648. Les Rémois, conte de La Fontaine, par Bonnet, in-4.
Très belle épreuve. Rare.

649. La Servante justifiée, conte de La Fontaine, par Bonnet,
in-4 (762).
Très belle épreuve. Rare.

650. Vénus sur les eaux, par L.-M. Bonnet (597)
Superbe épreuve avant la retouche.

651. Le Doux Baiser, par Bonnet (632), de forme ovale.
Très belle épreuve.

652. La même composition, de forme carrée; plus complète,
gravée à la manière du lavis, et imprimée en bistre.
Sans noms d'artistes.
Très belle épreuve. Rare.

653. L'Amour enchaîné par les Grâces. — Les Grâces en-
chaînées par l'Amour. Deux pièces faisant pendants,
gravées par L. Bonnet (726-727).
Superbes épreuves avec toutes leurs marges.

654. L'Amant couronné. Pièce de forme ovale, gravée par
B.-A. Patron et publiée chez Bonnet (728).
Très belle épreuve. Rare.

655. La Mauvaise Mère, par Bonnet (782).
Très belle épreuve.

656. La Jarretière, par L. Bonnet (961).
Très belle épreuve, toute marge.

7

HUET (d'après J.-B.)

657. La Brodeuse au tambour. — La Raccommodeuse de dentelle. Deux pièces faisant pendants, gravées sous la direction de Bonnet et publiées par lui (1038 et 1039).

Superbes épreuves, toutes marges.

658. Les Présents du jour de l'an, par Bonnet (1060).

Très belle épreuve.

659. Offrande à l'Amour. — Offrande au dieu Pan. Deux pièces faisant pendants, gravées aux trois crayons par Jubier. (324 et 325).

Très belles épreuves.

660. Pygmalion amoureux de sa statue. — Vénus et Endymion. Deux pièces faisant pendants, gravées par Jubier.

Très belles et rares épreuves, avant les draperies.

661. Jeune femme en buste, tenant un masque à la main; gravé aux trois crayons par L'Éveillé.

Très belle épreuve.

662. Portrait de Madame Huet, lisant, gravé aux trois crayons par Demarteau (408).

Très belle épreuve.

663. Portrait de Madame Huet, jouant de la mandoline, gravé aux trois crayons par Demarteau (483).

Très belle épreuve.

664. Jeune femme en buste, coiffée d'un bonnet avec large ruban, gravé aux trois crayons par Demarteau (587).

Très belle épreuve.

665. Jeune fille en buste, un foulard jeté sur les cheveux, gravé aux trois crayons par Demarteau (591).

Très belle épreuve.

HUET (d'après J.-B.)

666. Le Printemps. — L'Été. — L'Automne. — L'Hiver. Suite de quatre pièces gravées par Demarteau en 1785 (632-635).

Très belles épreuves. Rares.

667. La Bergère. — La Chasse aux papillons. Deux pièces faisant pendants, gravées par Demarteau (643 et 644).

Superbes épreuves, *sans titres*, avec marges. Très rares.

668. Jeune fille en buste, coiffée d'un chapeau garni de plumes et de roses, gravé par Demarteau.

Très belle épreuve.

669. L'Instant désiré. Très jolie pièce gravée au trait et légèrement coloriée. Au bas, à gauche, l'initiale de Huet et la date de 1781.

Très belle épreuve. Rare.

670. Les Suites du rendez-vous. Deux épreuves d'états différents, l'une est imprimée en bistre et l'autre en sanguine.

Très belles épreuves, toutes marges.

ISABEY (d'après)

671. Le Roi de Rome, dessiné à Vienne en 1815, in-4.

Très belle épreuve avant la lettre. Marge.

JANINET (F.)

672. *Marie-Antoinette* d'Autriche, reine de France et de Navarre, 1777, in-folio.

Superbe épreuve, avec son cadre ornementé, non rehaussé d'or. Le portrait est fixé sur l'encadrement, non déconpé, qui est d'une grande fraîcheur, avec une petite marge.

673. *Marie-Antoinette, Louis XVI*, et petites compositions de coiffures et sujets d'amours, dans des médaillons de forme ronde, publiés chez Esnault et Rapilly.

Très belles épreuves. Rares.

JANINET (F.)

674. Mademoiselle Du T*** (Duthé), 1779, représentée de face, assise devant sa table de toilette ; elle tient des roses de la main droite, une lettre de la main gauche ; son miroir la reflète de profil. Grand in-4, ovale, cadre carré.

Superbe épreuve, avec marges. Très rare.

675. Mademoiselle *Colombe* l'aînée, pensionnaire du roi, reçue à la Comédie Italienne en 1773, in-8.

Très belle épreuve du premier état montée en dessin, sur une bordure teintée.

676. M. *Le Kain* dans *Mahomet*, d'après Brion de la Tour, in-8, de forme ovale.

Très belle épreuve. Marge.

677. Madame *Saint-Huberti*, de l'Académie royale de musique, en buste, de profil, ovale dans un encadrement carré, d'après Le Moine, in-8.

Superbe et rare épreuve avant toutes lettres.

678. Nina, d'après Hoin. (Portrait de Madame Dugazon dans le rôle de *Nina ou la Folle par amour*).

Superbe épreuve avant toutes lettres, seulement les noms des artistes tracés à la pointe, avec une belle marge.

678. Le Baiser de l'Amitié. — Le Baiser de l'Amour. Deux pièces faisant pendants, d'après Doublet.

Superbes épreuves.

680. Projet de monument à ériger pour le roi, d'après de Varennes et Moreau le Jeune.

Superbe épreuve avant la lettre, portant au verso les signatures de *De Varennes* et *Janinet*.

681. Quatre sujets de forme ronde, imprimés sur une même feuille, représentant des charmants costumes et intérieurs de l'époque Louis XVI, attribués à Lawreince.

Magnifique et très rare épreuve avant toutes lettres.

JANINET (F.)

682. Cinq bustes de jeunes femmes, dont un tout petit, réunis sur une même planche.

> Très belle et première épreuve avant toutes lettres et avec de nombreuses traces d'essais de burin.

683. Bustes de jeunes femmes, avec coiffures, seize médaillons ronds, imprimés sur deux feuilles, d'après Desrais. A Paris chez Esnault et Rapilly...

> Superbes épreuves. Très rares.

684. La toilette de Vénus, d'après F. Boucher.

> Superbe et très rare épreuve tirée avant la suppression de l'un des Amours. Toute marge.

685. Vénus désarmant l'amour, d'après Charlier.

> Magnifique épreuve avant toutes lettres. Marge.

686. Vénus en réflexion, d'après Charlier.

> Superbe épreuve avant toutes lettres. Marge.

687. Le sommeil d'Ariane, d'après Charlier.

> Superbe épreuve, avec toute sa marge.

688. Vénus sur les eaux, d'après Charlier.

> Superbe et rare épreuve avant toutes lettres. Marge.

689. L'aimable Paysanne, d'après Saint-Quentin.

> Superbe et rare épreuve, avant toutes lettres.

690. La même estampe.

> Très belle épreuve.

691. La compagne de Pomone, d'après Saint-Quentin.

> Très belle épreuve, avant toutes lettres.

692. La réunion des plaisirs, d'après le Clerc.

> Très belle épreuve.

693. Vénus aux Colombes, d'après Lebarbier.

> Magnifique épreuve avant toutes lettres. Toute marge.

JANINET (F.)

694. La jeune Vestale, d'après Lebarbier.
> Magnifique épreuve avant toutes lettres. Toute marge.

695. Bacchus préside à la fête, d'après P. Carême.
> Magnifique épreuve, avant toutes lettres, et avec toute sa marge. Très rare d'aussi belle qualité.

696. Le Culte systématique , d'après P. Carême.
> Superbe et très rare épreuve avant toutes lettres, avant la guirlande et les retouches aux draperies. Marge.

697. Les Comédiens comiques, — les Rendez-vous comiques. Deux pièces faisant pendants, d'après Watteau.
> Très belles épreuves.

698. La Baraque rustique, — la Tabagie hollandaise. Deux pieces faisant pendants, d'après Ostade.
> Superbes épreuves, avec marges.

699. Le Nouvelliste, — la Tabagie hollandaise. Deux pièces faisant pendants, d'après Ostade.
> Superbes épreuves, avec marges.

JAZET (J.-P.-M.)

700. La promenade du Jardin turc, d'après J. J. de B.
> Très belle épreuve.

LAVREINCE (d'après N.)

701. Ah ! laisse-moi donc voir, par Janinet (E. B., 2).
> Superbe épreuve. Marge.

702. Ah ! quel doux plaisir, — Je touche au bonheur. Deux pièces faisant pendants, gravées par Copia. (E. B., 3 et 34).
> Superbes épreuves. Très rares.

703. Les apprêts du ballet, par Tresca (4).
> Très belle épreuve. Marge.

LAVREINCE (d'après N.)

704. L'Aveu difficile, par Janinet (8).

Magnifique épreuve, du premier état, avant toutes lettres, et avant le troi-ième pied du fauteuil, dont l'ombre portée se voit sur le parquet. De la plus grande rareté. Elle est tres fraiche et a une belle marge.

705. La même composition, gravée en réduction, par J.-B. Chapuy, sous le titre de : *la Reponse embar-rassante*.

Superbe épreuve avec grande marge. Très rare.

706. Ah ! le joli petit chien, par Janinet (27).

Superbe épreuve d'une grande fraicheur. Marge du cuivre.

707. Le petit Conseil, par Janinet (48).

Superbe épreuve d'une grande fraicheur. Marge.

708. La Comparaison, par Janinet (12).

Superbe épreuve avant toute lettre. Marge. Très rare.

709. La même estampe.

Superbe épreuve, toute marge.

710. La même composition, gravée en réduction, sous le même titre, par J.-B. Chapuy.

Superbe épreuve, grande marge. Très rare.

711. La même composition, gravée de forme ovale, par Partout, sous le titre de : The Comparison, et publiée à Londres en 1787.

Très belle épreuve, toute marge.

712. *L'Elève discret*. A Paris, chez Janinet (23).

Magnifique et très rare épreuve, de la plus grande fraicheur; avec toute sa marge.

713. Pauvre Minet, que ne suis-je à ta place? par Jani-net (47).

Magnifique et très rare épreuve de la plus grande fraicheur, avec toute sa marge; fait pendant au numéro précédent.

LAVREINCE (d'après N.)

714. L'Indiscrétion, par Janinet (30).

Magnifique et première épreuve avant toutes lettres, seulement le nom de *F. Janinet sculp.* tracé à la pointe sous le trait carré, avant que le pied de la femme qui est assise, ainsi que deux boucles de cheveux qui encadrent sa figure, aient été dessinés. Elle est de la plus grande fraîcheur et a toute sa marge. De la plus grande rareté, en aussi bel état.

715. La même estampe.

Superbe épreuve, du même état que la précédente, mais reemmargée.

716. Jamais d'accord, par Dnargle (Legrand) (32).

Très belle épreuve.

717. Le Serin chéri, par Dnargle (Legrand) (59).

Très belle épreuve.

718. Le lever des ouvrières en modes, réduction in-4 en largeur, imprimée en bistre.

Très belle épreuve. Rare.

719. La même estampe.

Très rare épreuve de la planche gravée au trait, première préparation pour la gravure en couleur ci-dessus.

720. Nina (Portrait de Madame Dugazon), par Colinet (41).

Très belle épreuve.

721. La même estampe.

Très belle et rare épreuve; état non décrit, avant toutes lettres, imprimé sur satin.

722. On y va deux (E. B. 44), — Il n'est plus temps, d'après Simoneau. Deux pièces faisant pendants, gravées par Benossi.

Très belles épreuves. Rares.

723. Les Grâces parisiennes au bois de Vincennes, par J.-B. Chapuy (50).

Superbe épreuve. Très rare.

724. Le joli petit serin, par Mixelle.

Superbe épreuve d'une pièce non décrite. Très rare.

LAVREINCE (d'après N.)

725. La Petite-Guerre, par Mixelle.

Superbe épreuve d'une pièce non décrite. Très rare.

726. Bois d'amour, — Bosquet d'amour. Deux pièces de forme ovale, gravées avec quelques changements, d'après les estampes de Lawreince intitulées : *Ah ! laisse moi donc voir* et : *On y va deux.*

Très belles épreuves. Rares.

727. Le Colin-Maillard, par Louis F. le Sueur (le Cœur), 1789 (E. B. app. 1).

Superbe et très rare épreuve d'un état non décrit, portant le titre indiqué ci-dessus ; au milieu, des armoiries et une dédicace à Mme la princesse de Craon. Au-dessous de la bordure on lit : Gravé par Louis F. Le Sueur, en 1789.

LAVREINCE ET BOREL (d'après)

728. S'il m'aime il viendra, — Elle ne s'était pas trompée. Deux pièces faisant pendant, de forme ovale, en largeur, au milieu du bas au-dessous de la bordure, le monogramme *D. V.*

Ces deux pièces sont gravées, en réduction des estampes intitulées : *le petit Conseil* et *Vous avez la clef, mais il a trouvé la serrure.*

Très belles épreuves. Rares.

729. Les mêmes estampes.

Très belles épreuves, imprimées en bistre ; les figures et les mains seules en couleur. Rares.

LAVREINCE (Attribué à N.)

730. Le Déjeuné, — Confessions du dix-huitième siècle. Deux pièces faisant pendants, gravées au trait et gouachées.

Très belles épreuves, avec marges. La gravure de ces deux estampes est attribuée à D. Soiron. Rares.

LE BRUN (d'après)

731. Les désirs accomplis, par C. Voysard.

Très belle épreuve.

LE CLERC (d'après)

732. A beau cacher, — Le bon Logis. Deux pièces faisant pendants, gravées à la sanguine, par L. Bonnet (97-98).

Superbes épreuves, avec marges.

733. Le jeu de Dames, — le Jeu de domino. Deux pièces faisant pendants, gravées à la sanguine, par L. Bonnet (115 et 116).

Très belles épreuves, toutes marges.

734. Le beau Rosier, — la Tulippe cassée. Deux pièces faisant pendants, de forme ronde, gravées aux trois crayons, par Patron.

Très belles épreuves. Rares.

LE CŒUR (F.)

735. Néant à la requête, 1788, — Une Promesse ... Ah ! laissez-donc, 1787. Deux pièces faisant pendants, imprimées en bistre.

Superbes et très rares épreuves, du premier état, avec le nom de l'artiste écrit à la pointe au-dessous de la bordure à gauche. Les titres écrits en grandes lettres sont à 25 millimètres de la bordure. En outre, l'épreuve de la première est tirée avant que le volant de la robe de la femme ait été rallongé, de manière à lui couvrir les genoux.

736. Les mêmes estampes, imprimées en couleur.

Superbes épreuves. Le nom de l'artiste est gravé et la date effacée. Les titres, écrits en lettres plus petites, sont à 15 millimètres de la bordure, et le volant de la robe couvre les genoux de la jeune femme. Très rares.

LE CŒUR (F.)

171   737. Les chagrins de l'enfance, d'après Mouchet.

> Très belle et rare épreuve de premier tirage, avant les armoiries changées et la dédicace. Rare.

150   738. Gare l'Eau.

> Superbe épreuve. Très rare.

LE CŒUR (A Paris, chez)

50   739. Germeuil, — Bon ty voilà. Deux pièces de forme ronde et ovale, sujets galants.

> Très bel'es épreuves avant l'adresse de Le Cœur et avant le numéro de son catalogue dans le haut. Marges.

62   740. Le Présent, — le Passé. Deux pièces rondes, sujets galants, faisant pendants.

> Très belles épreuves avant le numéro du catalogue de Le Cœur. Toutes marge.

85   741. S'il cassait, — S'il mordait. Deux petites pièces rondes, sujets galants, faisant pendants (n°ˢ 3 et 4).

> Très belles épreuves, toutes marges.

45   742. Lindor et Zelia (que les hommes sont fous), — Jupiter et Io (les Dieux sont-ils plus sages ?). Deux pièces rondes, sujets galants, faisant pendants (13 et 14).

> Très belles épreuves, toutes marges.

100   743. L'Ecolier en vacance, — l'Officier en semestre. Deux pièces rondes, sujets galants, faisant pendants (15 - 16).

> Très belles épreuves, toutes marges.

20   744. Le Repos de la volupté (33), sujet galant de forme ronde.

> Très belle épreuve, toute marge.

LE PRINCE (d'après)

745. La Rose choisie, gravé par Ligé, sous la direction de
Bonnet (360).

Très belle épreuve.

LEVACHEZ

746. Bonaparte, premier consul de la République française,
en buste dans un médaillon reposant sur un bas-
relief, orné d'une vignette de Duplessis-Bertaux,
représentant la revue de Quintidi passée dans la cour
des Tuileries, d'après Boilly.

Superbe épreuve; très grande marge.

747. *Cambacérès*, second consul de la République française.
En buste dans un médaillon reposant sur un cartouche
illustré, d'une composition de Duplessis-Bertaux, représentant : Barthélemy, président du Sénat conser-
vateur, présente au premier consul l'acte constitutif,
qui fixe le Consulat à vie, in-fol., d'après Devouge.

Superbe épreuve, toute marge.

748. Bonaparte, Cambacérès, Lebrun, représentés en buste
dans un même médaillon posé sur un bas-relief, sur
lequel est représentée la même scène que dans le
portrait de Cambacérès, indiqué ci-dessus. Cette
estampe, publiée chez Levachez, est gravée par
P.-M. Alix, d'après Vangorp.

Superbe épreuve, avec une grande marge.

749. *Kléber*, général en chef de l'armée d'Egypte, in-8.
Superbe épreuve. Marge.

750. *Alexandre I*er, empereur de toutes les Russies, d'après
Miekov, in-8.
Superbe épreuve, grande marge.

L'ÉVEILLÉ (J.-A.)

751. *Olivier* (Mademoiselle). — *Saint-Val* (Mademoiselle).
— *Molé* (Monsieur). Trois portraits en buste dans des
médaillons de forme ovale, avec bordures à filets noir
et lavis, publiés par Demarteau. (613, 614, 615), in-4.
Ces trois personnages sont représentés dans leurs
costumes de création des rôles de Chérubin, la Comtesse et le Comte du *Mariage de Figaro*.

Superbes épreuves, avec marges. Très rares.

DE LONGUEIL (J.-D.)

752. Les Dons imprudents, — Le Retour à la vertu. Deux
pièces faisant pendants.

Superbes épreuves, d'une grande fraicheur, avec marges. Rares.

LUCIEN (J.-B.)

753. Society in solitude, d'après J.-R. Smith.

Superbe épreuve, avec marge.

MARÉCHAL (d'après)

754. Vue du Palais-Royal, prise du côté du méridien, charmante pièce dont les premiers plans sont animés de
nombreuses figures, peut-être gravée par Sergent,
imprimée en bistre.

Très belle épreuve. Rare.

MARIN (L.)

755. *The Woman taking Coffee*, — *The Milk Woman*.
Deux pièces faisant pendants.

Superbes épreuves, dont les bordures sont rehaussées d'or.

756. Les mêmes estampes.

Très belles épreuves, les figures seules, sans bordures.

MARTINET (A Paris, chez)

757. Quel est le plus ridicule? Rapprochement et contraste
des costumes, depuis 89 à 1861.

Très belle épreuve, grande marge.

MIXELLE (J.-M.)

758. La Bonne union. Sujet galant, de forme ovale en largeur, publié à Paris chez Pavard et gravé dans le
genre de Mixelle.

Très belle épreuve. Rare.

759. Le Roman, d'après Garneret.

Très belle épreuve, imprimée en noir.

760. Vénus couchée sur un lit de repos, l'Amour est à ses
pieds. Pièce ovale en largeur.

Superbe épreuve avant toute lettre, grande marge.

MIXELLE (A Paris, chez)

761. L'Amour bravé. Pièce de forme ovale.

Très belle épreuve, avec marge. Rare.

MOITTE (d'après ALEX.)

762. La Légèreté punie, gravé par Mlle Brinclaire, en sanguine.

Très belle épreuve, avec marge. Très rare.

MONDHARE (A Paris, chez)

763. Melcour, — Basile, — Flórine. Trois petits bustes dans
des médaillons de forme ovale, in-8. Sur le premier
on voit les lettres D. V. S., probablement les initiales
du nom du graveur (Villeneuve).

Très belles épreuves, avec grandes marges.

MONSALDY

764. *Enghien* (Henri de Bourbon-Condé, duc d'), né à Chan-
tilly le 2 août 1772, mort le 22 mars 1804. Gravé
d'après Mme Vallain, in-4.

Très belle épreuve. Rare.

MONSALDY

765. *Marie-Louise*, impératrice, reine et régente, d'après Isabey, in-4.

Très belle épreuve, toute marge.

NAUDET (d'après)

766. Le Sérail parisien, ou le Bon Ton de 1802. Gravé par Blanchard.

Très belle épreuve, imprimée en bistre.

RAMBERG (J.-H.)

767. Le Marché aux esclaves, 1799. Grande pièce en largeur, montée en dessin.

Très belle épreuve.

REGNAULT (N.-F.)

768. Le Bain, d'après Baudouin (E. B. 19), — Le Lever. Deux pièces faisant pendants.

Superbes épreuves avec la première adresse, celle du graveur. Rares.

769. La Nuit.

Très belle épreuve.

RIDÉ

770. *Mayeur* (François-Marie), né à Paris, en 1758. Dans le rôle de Claude Bagnolet, d'après Le Peintre, in-4.

Très belle épreuve. Rare.

SAINT-AUBIN (d'après Aug. De)

771. *The first come best served* (Le premier arrivé est le mieux servi), — *The Place to the first occupier* (La place est au premier arrivant). Deux pièces faisant pendants, gravées par A. Sergent. (E. B., 404-405.)

Magnifiques épreuves, d'une grande fraîcheur, avec belles marges. Très rares en aussi bel état.

SAINT-AUBIN (d'après Aug. De)

772. Validé ou Sultane mère, gravé par Mme Lingée. (E. B., 408.)

Superbe épreuve, toute marge.

773. L'Hommage réciproque (Mme de Saint-Aubin), par Gautier. (E. B., 410.)

Superbe épreuve. Toute marge.

774. L'hommage réciproque (Aug. de Saint-Aubin), par Gautier (E. B., 411), pendant de l'estampe précédente.

Superbe épreuve avant les vers au-dessous du titre.

775. La Jardinière, par A. S. Ph. et Moret. (416.)

Très belle épreuve.

SERGENT (A.-F.)

776. Il est trop tard..., 1789.

Superbe épreuve. Rare.

777. Portrait en pied du général *Marceau*.

Superbe et très rare épreuve du premier état, avec le titre en lettres tracées ; en bas est écrit à la plume : *Donné par l'auteur, le 4 frim. an II.* Marge.

778. Le même personnage. Il est représenté dans la même pose, la tête nue, la main gauche appuyée sur la poignée de son sabre. Le soldat qui est assis à gauche dans la pièce précédente est ici supprimé et l'estampe est plus grande que celle ci-dessus.

Superbe épreuve. Très rare.

779. Le même portrait.

Superbe épreuve avec le titre en lettres tracées, et avant l'adresse de l'auteur à gauche ; avec belle marge. En noir.

SERGENT (A.-F.)

40 780. *Haüy* (Valentin), d'après le tableau original de
Mᵐᵉ Favart, in-4.

Très belle épreuve.

SERGENT (d'après)

65 781. Première vue de Trianon du côté du canal, par L.
Guyot.

Superbe épreuve, avec marge.

6 782. La même estampe.

Très rare épreuve de la planche gravée au trait. Première préparation
pour la gravure en couleur ci-dessus, avant toutes lettres.

TAUNAY (d'après)

950 783. Foire de village, — Noce de village, — La Rixe, —
Le Tambourin. Suite de quatre pièces gravées par
Descourtis.

Superbes épreuves, avec grandes marges. Très rares en aussi bel état
de conservation.

700 784. Foire de village, — Noce de village. Deux pièces faisant pendants, gravées par Descourtis.

Superbes épreuves, du premier tirage, avec les armes. Marges.

195 785. La Foire de village, — La Noce de village. Deux pièces
faisant pendants, gravées en réduction par Descourtis.

Superbes épreuves, toutes marges.

139 786. Les mêmes estampes.

Superbes épreuves, en noir. Toutes marges.

VANGORP (d'après)

100 787. La Ruse, — La Surprise. Deux pièces faisant pendants, gravées par Honoré.

Très belles épreuves.

VANLOO (d'après C.)

788. Jeunes Femmes en bustes, avec plumes et perles dans les cheveux. Deux pièces faisant pendants, gravées par Du Ruisseau, sous la direction de Bonnet.

Très belles épreuves.

VERNET (d'après C.)

789. La Danse des chiens, par Levachez fils.

Superbe épreuve, avec une belle marge.

790. L'Entrée de l'écurie, — L'Intérieur de l'écurie, — Le Palfrenier surveillant, — La Sortie de l'écurie. Suite de quatre pièces gravées par Jazet.

Très belles épreuves.

VIDAL (G.)

791. *Beauménil* (Mademoiselle), de l'Académie royale de musique, d'après Pujos, en buste dans une bordure ornementée, avec attributs de musique, in-fol.

Très belle épreuve, avec marge.

792. Le même portrait.

Très belle épreuve, imprimée en noir. Marge.

VILLENEUVE (M. De)

793. Belinde, en robe garnie à la phrygienne, mantelet de gaze et chapeau dit à la Préférence, in-4.

Très belle épreuve.

794. La même pièce.

Très belle épreuve, avant toutes lettres, non entièrement terminée et imprimée en bistre.

795. Thomas, — Angélique. Deux petits bustes d'homme et de femme, dans des médaillons ovales en hauteur.

Très belles épreuves avec toutes leurs marges.

VILLENEUVE (M. DE)

796. L'Heureux instant, petite pièce de forme ronde, in-4.

Très belle épreuve avant toutes lettres.

797. *Mirabeau* (Henri-Gabriel-Riquetti, comte de), en buste dans un médaillon sur fond rouge, in-8.

Belle épreuve.

VILLENEUVE ?

798. Monsieur et Madame Coq-Co. Petit médaillon de forme ronde, où sont représentées les figures de Lafayette, Monsieur et Madame Bailly, sur des corps de coqs et d'une poule.

Très belle épreuve avant toutes lettres. Grande marge.

WILLE (d'après P.-A.)

799. Les deux Boutons, — Le Miroir consulté. Deux pièces faisant pendants. A Paris chez Vidal, graveur, rue des Noyers, n° 29.

Très belles épreuves. Rares.

IMPRIMERIE D. DUMOULIN ET Cie

Rue des Grands-Augustins, 5, à Paris.

IMPRIMERIE D. DUMOULIN ET Cie,

RUE DES GRANDS-AUGUSTINS, 5, A PARIS